家族も納得！
理想のマイホームがここにある

住み心地のよい「高性能な住宅」と理想をカタチにしてくれる「いいチーム」——2つの条件を一挙公開！

理由はイニシャルコストとランニングコスト

①棟換気（断熱材に熱が届く前に放出）
②遮熱シート（断熱材に熱が届く前に反射）
③外断熱材・ネオマゼウス（屋根部分45㎜・壁部分30㎜）
④完全樹脂の窓枠（内側も外側もアルミは使用しない）
⑤3枚ガラス（39㎜・アルゴンガス2層・遮熱ガラス2枚）
⑥基礎断熱材・オプティ（50㎜・シロアリ被害保証付き）
⑦防蟻シート（シロアリ被害保証付き）
⑧熱交換型第1種換気（パナソニック・熱交換率86%）
⑨家庭用空調機1台（4kW程度・プランによって変動あり）
⑩送風ファン

高断熱住宅に転居して1年で有病者が減少

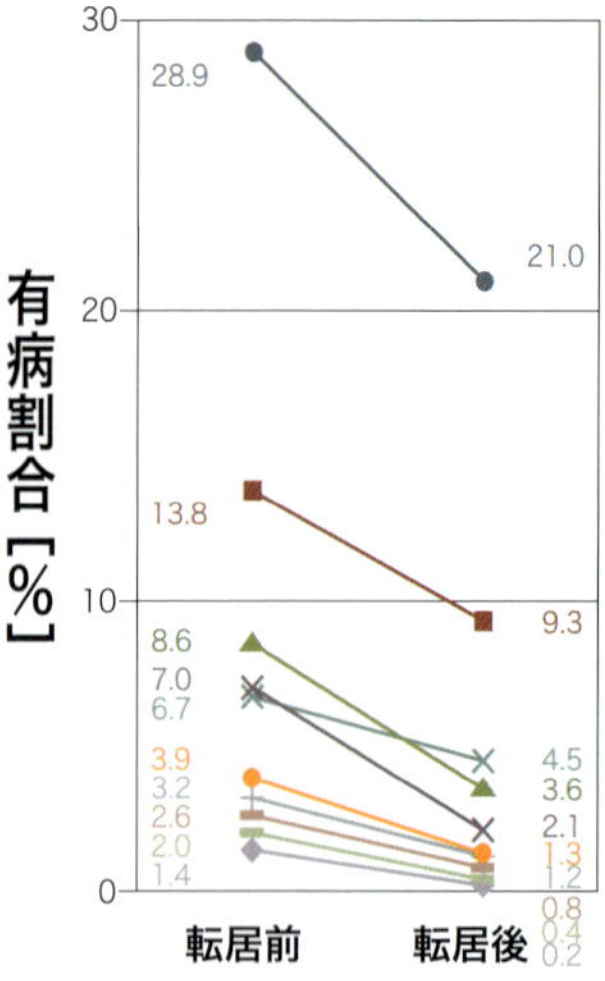

	転居前	→	転居後
アレルギー性鼻炎	28.9%	→	21.0%
アレルギー性結膜炎	13.8%	→	9.3%
高血圧性疾患	8.6%	→	3.6%
アトピー性皮膚炎	7.0%	→	2.1%
気管支喘息	6.7%	→	4.5%
関節炎	3.9%	→	1.3%
肺炎	3.2%	→	1.2%
糖尿病	2.6%	→	0.8%
心疾患	2.0%	→	0.4%
脳血管疾患	1.4%	→	0.2%

結露減少によるカビ・ダニ発生改善、暖房時の改善と24時間機械換気による室内空気質改善、遮音性能改善、新築住宅への転居による心理面での改善などの複合効果と考えられる

岩前篤：断熱性能と健康,日本建築学会環境工学本委員会熱環境運営委員会第40回熱シンポジウム,pp.25-28,2010.10 ／ 伊香賀俊治,江口里佳,村上周三,岩前篤,星旦二ほか：健康維持がもたらす間接的便益（NEB）を考慮した住宅 ／ 断熱の投資評価,日本建築学会環境系論文集,Vol.76,No.666,2011.8

（慶應義塾大学理工学部システムデザイン工学科主任教授・伊香賀俊治氏の講演資料より抜粋）

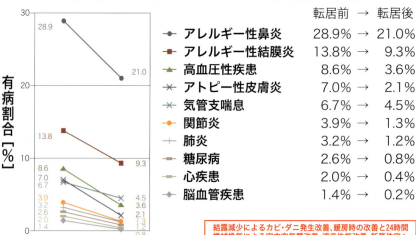

エアコン1台で全館空調！

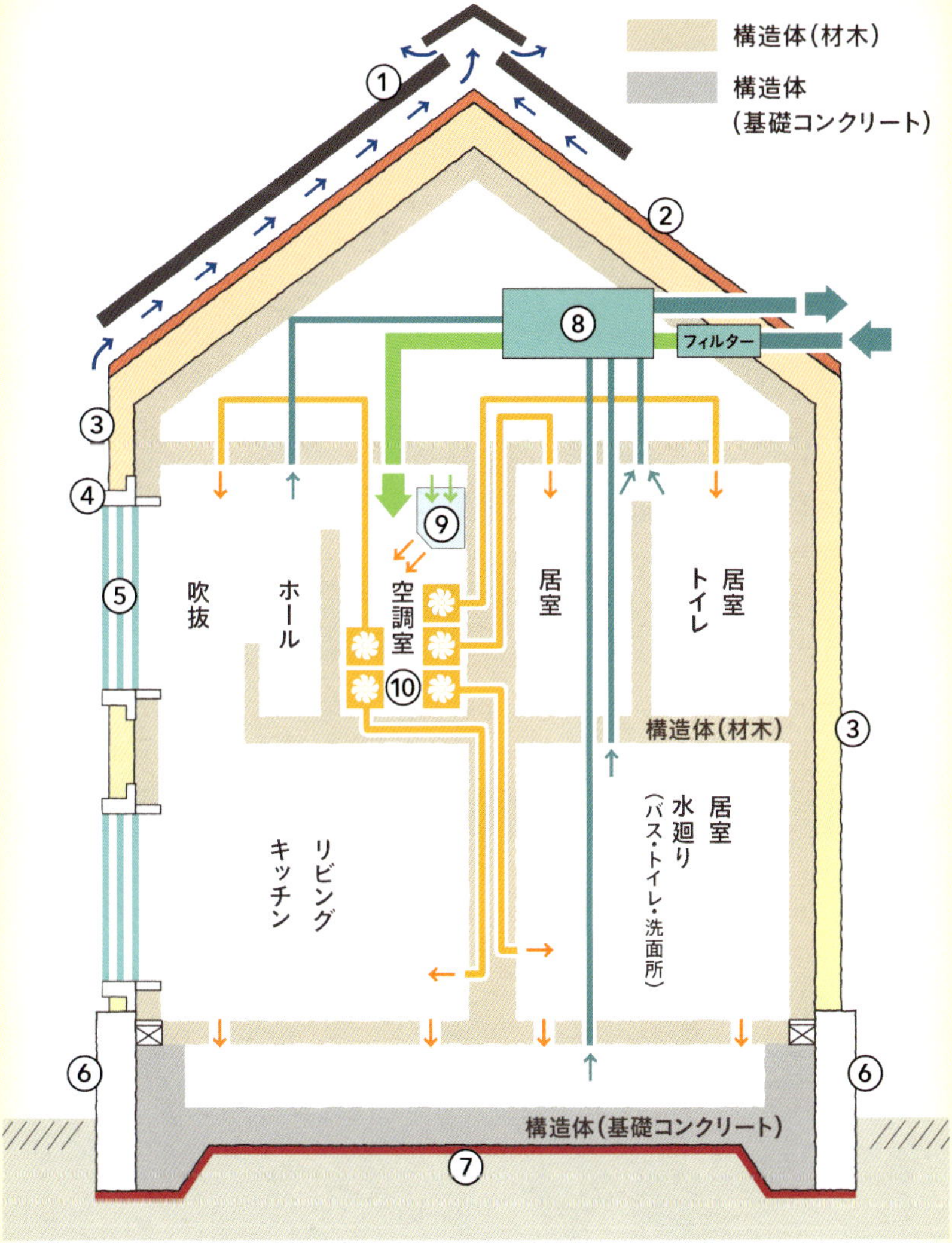

空気の流れや温熱環境のイメージ図です。実際の形状とは異なります。

▲20周年感謝の集い（2018年8月）

チームプレーが支える夢の家づくり

▲入社式（2018年4月）

▲お施主様感謝イベント（2017年9月）

「はじめての家づくり」ゆずってはいけない2つの条件

健康住宅株式会社代表取締役
畑中直

現代書林

はじめに

住宅会社の競争力は、どこにあるのでしょうか。

どんな家を建ててくれるのか。どれだけ安く提供してくれるのか。

もちろん、それらは大きな要素です。しかし、いかに設備やデザインが豪華で素晴らしくても、その素晴らしさが一気に色あせてしまうことがあります。

「何」を建てるのかは大事ですが「誰」が建てるのか……住宅会社には今、そこが問われているのではないかと思います。

家は一つの「物体」ですが、決して、単なる「物」ではありません。

建物の「構造材」だけではなく、そこにお住まいになるご家族の「やすらぎ」や「くつろぎ」、あるいは「穏やかな笑顔」など、すべてが含まれた「空気感」を総称して『家』と呼ぶのだと思います。

そんな『家』を、お客様は何年も何十年もかけてこつこつと貯めてきた預金を解約し、当然その預金だけではお金が足りませんから、足りないお金を工面するために、ご自分の生命保険を担保に「自分が死んだら、借りたお金はこの保険金で返済いたします」と銀行に約束して多額の住宅ローンを組み……つまり、ご自分の命を担保にしてまで『家』を手に入れようとします。

なぜでしょうか?

お客様は「家を建てること」そのものが目的ではないからです。

真の目的は「家族が仲よく穏やかで、人生を楽しく豊かに生きること」です。

その切ない思いを胸に、私たちは人生を賭けて家づくりに取り組みたい……心より、そう思います。

私が住宅会社の社長になった平成10年頃、当時の住宅業界を眺めてみると、そんな意味での競争力を持った住宅会社は簡単には見当たりませんでした。

お客様の真の思いに寄り添って、いい『家』を建てるためには、まず「いい会社」でなければならない……。

いい会社であるためには、社員さんも、パートさんも、そして現場で働く職人さんたちも「いい人」でなくてはならないはずです。

そして、完成した『家』は体感的にも「心地よく」ないといけない……。

当時の私は、漠然とそんなことを感じていました。

本書は、そんな理想を求めて我が社が取り組んできたこと、あるいは今、取り組んでいることを、大きく2つに分け、これを家づくりの「ゆずってはいけない2つの条件」として述べてみました。

家を建てようと考えている方だけではなく、住宅業界で働く皆さんにも、何か参考になることがあればいいなぁなどと期待しながら筆を進めたいと思います。

お付き合いいただければ幸甚です。

2019年4月

畑中　直

第2章▼住宅会社の「お・も・て・な・し」

エピローグ▼お客様と健康住宅がつくるユートピア、そして私のささやかな妄想

あとがき

プロローグ

「いい人」が建てた「高性能住宅」で暮らす

立ち尽くしたあの日

今から30年ほど前のことです。

私は大学卒業後、東京のマンション販売会社に1年ほど勤めました。その会社は、今思えば、幹部の皆さんは優秀でホントに頑張っていたのですが、私の配属された営業部の社員たちは、いかにうまく仕事をサボれるかというところに意識が向いていました。

結局、夢破れ、失意の中、福岡に戻って父親の会社に入社しました。

このお話は、私が父の会社に入って数年がたった頃の強烈な思い出です。

父の会社での私の仕事は、毎日、朝から飛び込み営業でした。

夜討ち朝駆けは当たり前、玄関先で罵声を浴びせられることなど日常茶飯事で、ご契約をいただいたら、なんとか無事に引き渡して、それでおしまい。

お客様に家をご提供することの意味など何も知らず、お施主様の思いなど頭の片隅にもなく、ただただ契約を取るために辛い仕事に取り組んでいました。

当時は本当に仕事は辛い……と感じていましたし、仕事は辛いのが当たり前、それがこの業界の常識だと、何も疑ってはいませんでした。

お客様が引き渡し後にどのような暮らしをされるかなど、会話にも出てきませんでした し、やり甲斐なんて、何も感じません。

ところが、30年前「その日」を迎えます。


長友さんというお客様でした。

その前日、私は新築お引き渡しのために長友さんご夫婦とお会いし、何事もなくひと仕事が終わったことに安堵《あんど》していました。

正直、いつもの気持ち以上の感情はありませんでしたし、引き渡しが終われば仕事も終わり。次の営業にかかればすっかり忘れてしまうはずでした。

ところが翌日、私は偶然、不思議な光景を目にしました。

私はその日も成果が上がらず、そろそろ会社へ戻ろうかとぼんやり車を運転していました。夜の8時を過ぎた頃、とある駅にさしかかったとき、改札を出てきた長友さんのご主人に気付きました。

長友さんは、ちょうど会社から帰られるところだったのでしょう。新しい家は、そこから歩いて10分もかからないところにあります。

私は、車を停め、ハザードを点けて飛び出しました。

「長友さん！」

そう声をかけようとした瞬間、私のゆるんだ笑顔は張りついてしまいました。あまりにも衝撃的だったからです。


駅から出て歩いている長友さんの顔は、なんともいえない、いい顔でした。

それは男らしいとか、たくましいとか、そんなものではまったくありません。その対極にあるような、嬉しくて楽しくて、今にも声を上げて笑いだしそうな顔だったのです。何かを見て笑いかけているような表情でした。

表情だけではありません。

足取りは今にもスキップを始めそうなほど軽く、上半身がフラフラと前方に傾いて足が追いつかないような歩き方でした。まるで夢遊病者のような……。

その長友さんの「異様な姿」を見てビックリして、そして次の瞬間に心からその理由を理解したのは、周囲の雑踏の中で私ただ一人でした。

その日、長友さんは、お引き渡しを受けた翌日でした。つまり、朝「我が家」から仕事に出かけ、その日の夜、正に「我が家」への初めての帰り道だったのです。

長友さんは念願かなって新築した我が家に早く帰りたくて、早く奥さんから「お帰りなさい！」と言ってもらいたくて、「そんなふうに」なってしまっていたのだと直感的にわかりました。

おそらくご本人も、自分が「そんなふうに」なっていることに気づいていなかったと思います。

私は小さく「長友さん……」とつぶやいたような気がします。

ご挨拶するという当たり前のことなど私の頭から飛んでいました。

心の底に、得体の知れない感情があとからあとから沸き上がってきて、本当に涙が出てきました。

私はその場に立ち尽くし、長友さんの姿が見えなくなってもそのまましばらく一人で息を殺していました。

この仕事に自分の人生を賭けよう！

私は夢遊病者のような長友さんを目の当たりにした瞬間、自分がいかに素晴らしい仕事に就いているのかを思い知りました。

私はそれまで、辛いけど仕方なく頑張っていた自分の仕事を、一生の天職として高めていきたいと、その瞬間、直感的に決心したような気がします。

家は高額で、その人の一生の財産となります。それはただ住宅ローンなどで都合をつけて費用を工面する、というものではありません。

単純に家という「モノ」を手に入れるという行為ではないのです。

新しく家を建てる人は、新築した家屋で過ごしていく自分たち家族の人生を思い描いています。自分たちの人生設計を、家を建てることによって現実化しようとしているのです。

そこで思い描かれる人生は、どんな人生でしょうか。

「家族が仲よく、穏やかで、それぞれがその人生を楽しく、そして豊かに全うする」

お客様は、家そのものが欲しいのではなく、ご家族の幸せが欲しいのです。

お客様にとって大切なのは、家という「物体」ではなく、目に見えない、しかしそれぞれの家族の心にしっかりと形作られている「切ない思い」です。

私はあの日の長友さんを見て、そのことを直感的に確信しました。

であれば、お客様に『家』をご提供するこの仕事を、もっともっと真剣に見つめ直そう、天職としてこの仕事に自分の人生を賭けてみよう、そういう気持ちになりました。

ひと言でいうと、こんな小さな会社が、社員さんに大事にされ、これまで1400以上のご家族様に大切な『家』を提供することができ、喜んでいただき、赤字を出すこともなく、毎年わずかではありますが納税を続け、社員全員が遅配もなく安定したお給料や賞与をいただき、さらには、あとで述べますが「ハウス・オブ・ザ・イヤー」の大賞をいただけたり、あるいは「おもてなし企業100社」へ選出されたりなどの栄誉も、すべてこの瞬間がスタートだったのです。

家づくりでゆずってはいけない2つの条件

家づくりが天職……それは決まりました。さて、ではまず何をするべきなのか？

そこで、少し考えてみました。

まず、1つ目は、当然のことながら、『家』それ自体の「居心地」です。

この部分は第3章で詳しく述べますが、『家』の「居心地」をよくするには、室内が外の気温に影響されにくい・外の冷たい空気や汚れた空気が入ってきにくい・低燃費で体に優しい・室内の環境がいつも健やか、そしてやはり、これは「居心地」というよりは「安心感」ですが、耐震等級3の確保です。つまり、

①「外断熱（高断熱・高気密）」
②「高性能断熱サッシ」
③「壁掛け空調機1台で全館空調」
④「自然素材」

⑤「耐震等級3」

この5つの組み合わせが必要です。

本書では、これらの組み合わせを総称して『高性能住宅』と呼びます。

『高性能住宅』は、誰が暮らしても快適で居心地がよく、ホッとできる室内空間をもたらしてくれます。

そして、2つ目は、「いい思い出づくり」です。

お客様はいつも「いい会社」で建てたいとおっしゃいます……なぜでしょうか？

「いい人」たちに担当してもらいたいとおっしゃいます……なぜでしょうか？

それは、そうであれば多分、実際に建てていく過程が「いい思い出」になるからです。

ひと言でいうと、ゆずってはいけないのはこの2つの条件です。

しかし、1つ目の「居心地」のよい『家』はなんとなく理解できますが、2つ目の「思い出づくり」なんて……「いい会社」って、どんな会社で、どんな人が「いい人」なのかなんて、あまりにも漠然としていて抽象的です。

さらに、これはあくまでも私たち以外の人が判断することなので、正直、ゴールのない不毛の荒野を歩くようなものです。

いくら、私たちは「いい人」です……「いい会社」です……などと喧伝しても、それはまさに「独りよがり」な訳で、主観的には非常に判断が難しいと思います。

ただ、多分「いい会社」には「いい人」がたくさんいるんだろうな……ということは漠然と理解できます。

そうか……つまり、「いい会社」になるには、縁あって入社してきた、あるいは我が社で頑張っている社員さんたちに「いい人」になってもらえばいいんだ……。

答えは簡単でしたが、どうすればいいのか皆目見当がつきません。

そこでまず、私なりに「いい人」を定義してみました。

いい人とはこんな人たちだと思います。

・けなげで、ひたむき……

・不機嫌な顔をせず、常に穏やか……
・夢を語り、礼儀正しく、人間好きで、謙虚……
・人の悲しみや切なさにそっと寄り添ってくれる……
・いつかは立派な人になりたいと思っていて、自分磨きをあきらめない……
・いつも相手の立場を思いやり、まずは自分が汗をかく……
・そして、なぜかいつも周りの人に応援される……

とてもこんな人にはなれないなあ……というのが正直なところですが、「こんな人」はもちろんですが、「こんな人を目指している人」も多分「いい人」なんだと思います。

なので、この本には今後、何度も「いい人」という表現が出てきますが、ここでいう「いい人」とは「いい人を目指して頑張っている人たち」も含みます。

「いい人」の定義をかなり広げてしまいましたが、そんな「いい人」たちに担当してもらって手に入れた『家』には、きっと、そこにしかない素晴らしい価値が付加されるはずです。

この世界でたった一つの価値は、その家が朽ち果てるまで永続します。

そんな考えの出発点が、あの日の「長友様」だったのです。

逆のことを想像してみてください。
つまり、あなたが家を建てたとき、人柄の悪い営業マンが担当だったらどうでしょう？
その笑顔が、お客様の前だけの、あるいは契約を取るためだけの演出だったとしたらどうでしょう？

人柄の悪い営業マンはご契約のあとに、必ずその本性が露呈します。
もちろん人柄は、営業マンにだけ求められるものではありません。なぜなら、ご契約後は設計士、現場監督、インテリアコーディネーター、あるいはアフターメンテナンスなど、多くの担当者と関わることになるからです。

竣工して新しい家で暮らし始めても、我慢しようかな？ と思った程度の、ちょっとした不具合を思い切って伝えた瞬間の「不機嫌な表情」や、ご入居後に気づいた柱の小さな傷の存在を伝えたときの「怪訝《けげん》そうな態度」などを思い出すたびに会社や担当者を疑う気持ちが重なってきます。

そしてそれは、忘れたくても、ふとしたときに思い出してしまい、いつまでもひきずっていくことになります。

つまり、本当に「いい家」を手に入れるためには「最高の居心地を約束してくれる住宅自体の性能」と「いい人がたくさんいるいい会社に建ててもらうこと」。この2つが必要なのです。

そこで「居心地のよい家の研究」と同じくらいのエネルギーを、まずは社員さんに「いい人」になってもらうように注いでいく……そして、会社をもっともっと「いい会社」にしていく……

という明確な目標をもって多くの活動をスタートさせました。

最初に始めたのは、実は経営者である私（自分）が「いい人」になることでした。

残念ながら、いまだに「いい人」には程遠いところを行ったり来たりしていますが、あきらめないで「いい人」を目指し続けたいと思います。

当然ですが、私たちが目指している「徹底的な高性能住宅へのこだわり」や「いい人でありたいというモチベーション」は、お客様のことを本気でご家族と思っていなければ持ち続けられるものではありません。

いかにモノや工法が優秀でも、お客様と一緒に計画し、設計し、それを現場でつくっていく、さらにそれを、できれば一生、一緒に管理していく……。

つまり、家づくりに関わるすべての人たちが「いい人」でなければ、本来、『いい家づくり』は成り立たないのです。

しかし残念ながら、私が関わってきた不動産業や工務店関連業の世界には、昔から心の奥底に暗い闇を抱えているような会社や人が普通に存在しています。お伝えするべきことをお伝えしないで、お客様が勘違いしたまま注文をいただいたり、割高に契約することがむしろ称賛されるような、あまり正視したくない嫌な世界も珍しくありません。

家づくりに関わる「いい人」や「いい会社」は増えてきたと思いますが、残念ながらまだまだ少数派です。

だからこそ、私は自分の会社を、意識して「いい人」が仕事をしている「いい会社」にしなければなりませんでした。

営業マンの歩合制（ノルマ）を撤廃したり、一日に5回以上の現場清掃や、完全禁煙会社などのルールはそんな決意がスタートでした。2か月に1回、大工さんや職人さんにも「いい人」になっていただくことを目的とした勉強会も開催しています。

もちろん、26ページに表記した「いい人」の定義などを読み返せば、とてもとてもそこに到達していないことは、本人が一番よくわかっています。

しかし、ゴールはまだまだはるか彼方ですが、社員の皆さんと一緒にいろいろなことを勉強し、実践しながら、なんとか一歩ずつ、「いい人」に近づこう、「いい会社」に近づこうと頑張っています。

少し大げさですが、本書は、その苦闘の記録ともいってもいいかと思います。

第1章 感動の家づくりのための「いい人」づくり

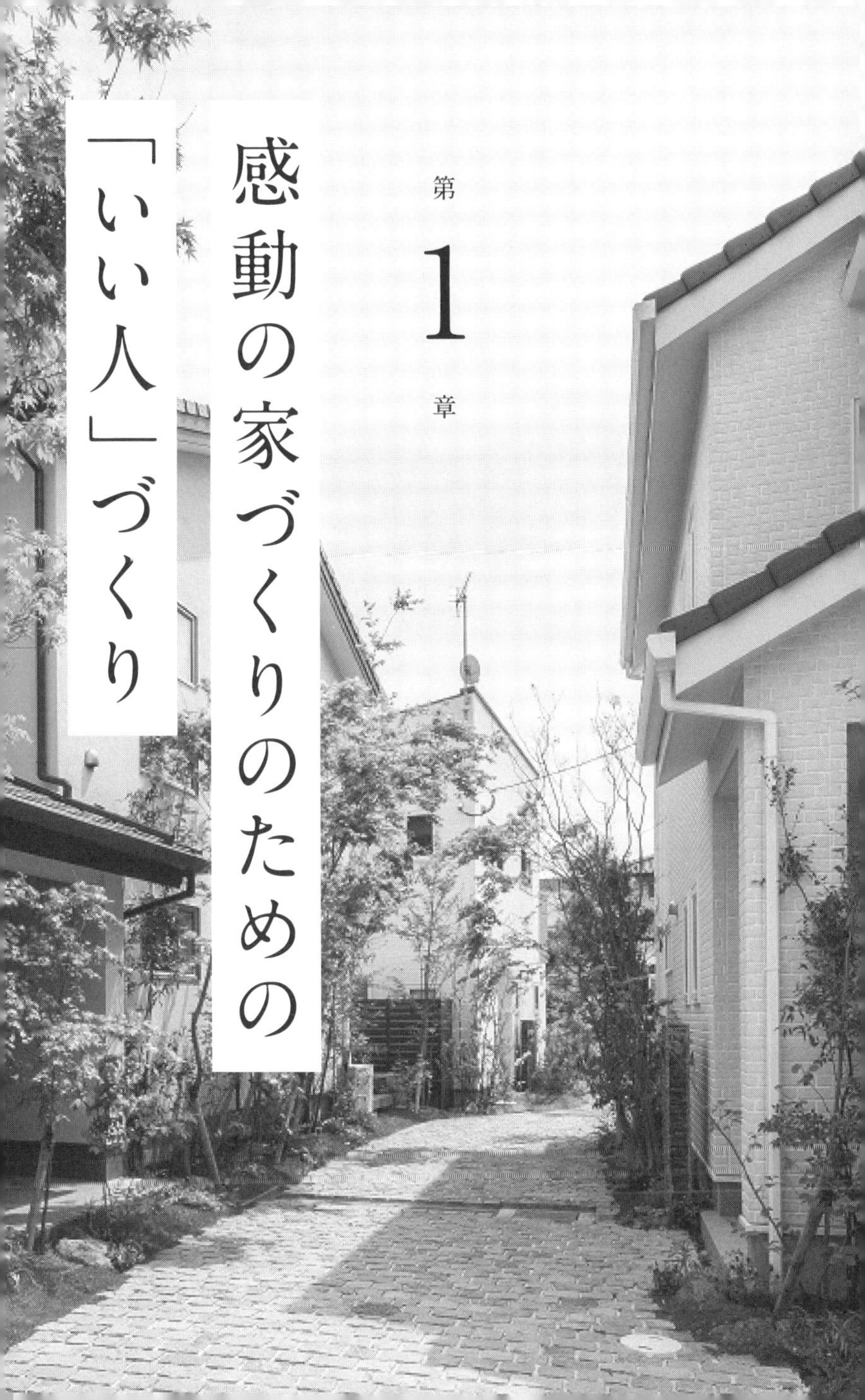

「いい家」づくりと「いい人」づくり

毎週金曜日は社員全員でバーベキュー

毎週金曜日、当社のお昼ごはんは全社員が駐車場でそろって調理して食事をする、いわゆる「バーベキュー」です。とくに重要な仕事がないかぎり、パートさんも含めて社員全員が参加する決まりになっています。

これが結構、大変です。

週ごとに代わるバーベキューリーダーが、1週間前から出席できる人員を確認し、決められた予算の中でメニュー、材料、分量などを確定し、買い出しも行います。

当日は、テーブルや食器などの準備から、料理、食事、さらにすべての後片づけまで、私も含めた社員全員で行います。制限時間は、きっかり1時間です。1時間後には全員がデスクに戻っていなければいけません。

時間オーバーはルール違反、全員の責任です。だから毎週金曜日は、12時になると社員全員が急いで会社の1階にある駐車場に集合します。そして、あらかじめバーベキューリーダーが貼り出しておいた「進行表」を見て、自分の役割を自分で決め、それぞれの仕事をそれぞれ一斉にスタートします。

進行表には、キャベツの千切り、タレづくり、米とぎなど、役割分担と大まかな人数だけが書かれています。それを見て、各自が自分のやるべきパートを考える訳です。手が足りなくなっているパートには、自然に余っているところから応援が行くので問題ありません。

もう4~5年やっていますのでみんな慣れたものですが、最初はとんでもない状況に陥り、怒号が飛び交う修羅場でした(もちろんゲーム感覚でやっているのでみんな楽しみながらも、という意味ですが……)。

参加者は社員の皆さんとパートさんで毎回60~70名くらいになりますから、それだけの人数の食事をたった1時間で料理し、配膳をし、みんなで食べ、食器を洗い、きれいに片づけるには、実はかなりのスキルが必要です。万全の準備と、臨機応変のチームワークが欠かせません。

でも人間というのはおもしろいもので、毎週毎週やっていると自然にいろいろなこと

毎週金曜日のランチは社員全員でバーベキュー

を学習して上手になっていきます。チームビルディングとはなんぞや、ということを考えるまでもなく、チームワークが養成されてゆきます。

私の会社では、営業マン、設計士、インテリアコーディネーター、現場監督の4名がチームをつくり、お客様とコミュニケーションを取りながら数か月かけて1棟を建てていきます。竣工して3か月たったらそのチームは解散し、アフターメンテナンスのチームに引き継ぎます。いずれ新たな4人のメンバーでチームが結成され、新規のお客様との夢の家づくりがスタートします。

それを年に84回（7棟×12か月）くり返し、その組み合わせは常にバラバラです。合理的に迅速に、そしてミスなく仕事を進めていくためには、その84チームのチームワークが欠かせません。

週に1度の「バーベキュー」は、それぞれがほかの社員の個性を理解するチャンスですし、日常業務で自分がやるべきことを探す練習にもなります。

なぜか毎回、何かしらのトラブルが起こりますから、「どんなトラブルが起こっても仲間がいるから大丈夫」というような信頼感と、いい意味での図太さのようなものも育ってきます。

事前準備の大切さを知る非常に具体的な訓練にもなります。

NHKの取材（新入社員O君の場合）

2014年、我が社の「バーベキュー」のことがNHKのディレクターの耳に入り、取材の要請があり、9月、東京から取材クルーがやって来て、3日間にわたって取材やインタビューが行われました。

このとき我が社で実際に行われた「バーベキュー」が撮影され、その様子が約1か月後、夜10時55分から始まる『サラメシ』（ランチをのぞけば人生が見えてくる、働くオトナの昼ごはん）という番組で放送されました（現在は火曜日の夜8時15分～）。

このときのバーベキューリーダーは、新入社員のO君でした。

番組は中井貴一さんの軽妙なナレーションによって、10分程度のとても楽しいドキュメンタリーになっていましたが、その主役が、朴訥な雰囲気のO君だったのです。

画面の中のO君は、慣れないながらも必死に頑張っていました。もしもご両親が見ていたら、うなずきながら涙ぐむような感じです。

最後に、参加人数の勘違いで料理が足りなくなる「痛恨のミス」もありました。しかし実はこれ、O君のミスではなく、その日は、テレビの取材があるということで当日の予定をなんとかやりくりして、「どたキャン」ならぬ「どた参加」した社員が5名もいたからだったのですが、かえって「足りなくなってもみんなで分ければ大丈夫……」という、チームワークのよさがアピールされる結果になり、O君の好感度はさらに上がることになりました。

このO君、実はそれまで契約が1件も取れていませんでした。当然のことながら、新入社員ですから、まだまだ勉強不足であったことに加え、いまいち要領が悪く、お客様から少し不安に思われていたのだと思います。番組の取材があったのはまさにそんなタイミングでした。

番組の放送後も悩んでいるO君に、ある先輩がこんなアドバイスをしました。

「お前な、商品説明はもういいから、何も考えないで、真っ先にお客様にあの番組のDVDをお見せしたら？」

素直なO君は、言われたとおりにしました。するとなんと、彼は次々に契約を取り始め、とうとう翌年は営業成績トップに躍り出てしまったのです。お客様とのコミュニケーション力、我が社の住宅をわかりやすくご説明するための知識、あるいは信頼をいただけるような経験値、そうしたすべてが足りないO君、がです。

彼は要領は悪いですが、人を裏切るようなことは絶対にしません。あのDVDはそんなO君の人柄をうまく表現してくれていましたし、「いい人」に担当になってもらいたいというお客様の思いがO君の営業成績を大きく引き上げてくれたのだと思います。

この小さな事件ははからずも、「いい人」たちに家を建ててもらいたいというお客様の気持ちを私たちに代弁してくれているような気がします。

「いい人」は伝播する

私の会社の企業ビジョンは、

『GOOD COMPANY with GOOD PEOPLE』

『いい人がたくさんいるいい会社』です。

どんなに素晴らしい理念を掲げ、どんなに素晴らしい商品を提供しても、素晴らしい人格を持った人たちが集まる会社でなければ愛されることはありません。

私は経営者として、会社の人たちが「いい人」になれる仕組みを構築しようとしてきました。個人的にも、ことあるごとに社員の皆さんと密接なコミュニケーションを心がけ、いろんなところで仕入れてきた「価値観」を伝えてきました。もちろん、ここがゴールではありませんので、これからも、あきらめないで続けていこうと思っています。

「伝える」といっても、私が先生として教えている訳ではありません。私も未熟な訳ですから、「俺も変わるから君たちも変わってくれ……」みたいな話です。

「社長も含めて全社員でこういう価値観を理想として進んでいこう……みんなで一緒に勉強していこう……」

そう口にすることで自分に言い聞かせているような感じです。

その指標を、5年ほど前につくりました。

《K−J　HEART》という小さな冊子で、ザ・リッツ・カールトン・ホテルの『クレド』やジョンソン&ジョンソンの『我が信条』などを真似たものです。

名刺くらいの大きさで裏表18ページあり、そこにびっしりと具体的な言葉が書かれています。健康住宅の社員はみなこれを携行し、そこに書かれている理想を実行していくのです。

その表紙には、このように書かれています。

「私たちの判断基準は、常に『人間として何が正しいか』です。
私たちは、人間として正しく真剣に生きていきます。
《K−J　HEART》に心を寄せ、
プライド高く穏やかに、そして謙虚に行動することで、
自分を変え、周りの人々を変え、世の中を変えます。」

「世の中を変えます」などと大それた表現がありますが、これはどういうことかというと、

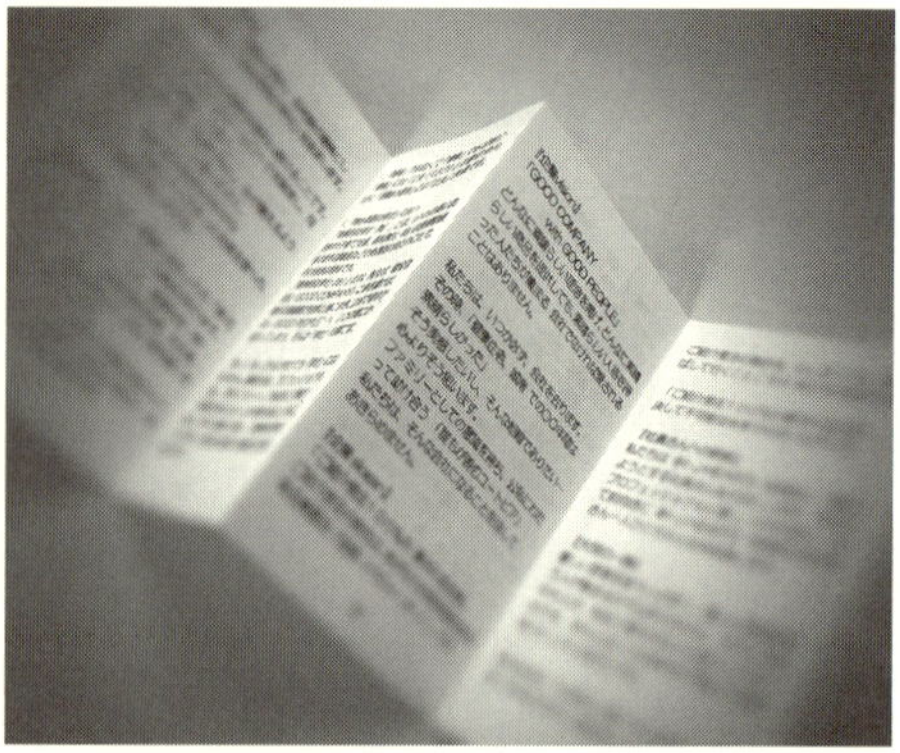

会社の理念が詰まった《K-J　HEART》

「『いい人』は伝播《でんぱ》する」ということです。

伝播とは「広がる」「伝染する」というような意味ですが、この「『いい人』は伝播する」という言葉は、私が高校生の頃の担任の先生がおっしゃっていた表現です。

誰しも学生の頃、学校の中に1人や2人はスーパースターのように輝く友人がいたと思います。成績がよくて、カッコいい、可愛くて、人柄がよくて、男性にも、女性にもモテて、いつもいい感じの友人に囲まれている。

みんな、その人のことが大好きで、応援したくなる。親の性格はいいし、裕福だし。おまけに学校の先生も一目置いている……。

私は「そういう運のいい奴っているよな～」とため息をつく側の人間でしたが、私の高校時代の先生は、「違う！　その人は『運がいい』のではなく、ただ単に『いい人』だっただけなんだ」とおっしゃっていたのです。

なるほど、確かに「『いい人』が伝播する」のであれば、その「いい人」の周りの人はみな「いい人」ばかりになります。

つまりその人は一生「いい人」に囲まれて人生を終えることができる訳です。

ですから、先ほどの、輝いていた友人は、自分の親をも「いい人」に変えてしまったのかもしれません。だからその親は、事業に成功して、その結果、裕福になったのかもしれないのです。

才能のある人が集まってきたのではなく、周りの人たちの才能が花開いただけなのかもしれません。

それを、われわれ凡人には「運がよく」見えるだけなのかもしれません。

つまり、すべてのスタートはまずは自分が「いい人」になることなのです。

大きなことを言うと、自分が「いい人」になってそれを広めれば、実は世直しもできる訳です。

何か、宗教的な価値観があって言っている訳ではないのですが、少なくとも「まずは自分がいい人になること」が先決ですが、そんな「いい人」が1人でも2人でも増えて、それが「社風」になればいいなと思います。

《K-J　HEART》

健康住宅の心

《K-J　HEART》、つまり《健康住宅の心》とはどんなものなのでしょう。

　この点について、現在の《K-J　HEART》から、もう少し具体的に紹介していきたいと思います（「現在の」と書いたのは《K-J　HEART》は不定期的にいつもマイナーチェンジをくり返しているからです）。

「いい人（Good　People）」については、本書のプロローグにも書かせていただきましたが、次のように定義されています。


「『グッドピープル』は、まずはけなげで、ひたむきです。自分磨きをあきらめず、なぜかいつも周りの人に応援されます。不機嫌な顔をせず、常に穏やかです。夢を語り、礼儀正しく、人間好きで、謙虚です。人の悲しみや切なさにそっと寄り添ってくれます。いつも相手の立場を思いやり、まずは自分が汗をかく……。『グッドピープル』になることは、それほどたやすいことではありません。」

そして、そのあとに、かつて私が心動かされた言葉などが並んでいます。いくつか紹介します。（敬称略）

▼稲盛和夫
「感性的な悩みをしない（くよくよしない）」

▼孔子
「其れ恕か（人生で最も大切なもの？　それは『思いやり』ですね）」

▼エリック・バーン
「他人と過去は変えられないが、自分と未来は変えられる」

▼松下幸之助
「熱意は磁石やで」

▼安岡正篤

「心中常に喜神を含む（常に、心のどこかに『にっこり笑う神』を宿しなさい）」
「ただ謙のみ福を受く（運は謙虚な人にだけ巡ってくる）」

▼芳村思風

「不完全性の自覚（まずは自分が未熟であることに気づきなさい）」

私は社員の皆さんに、多くの「いい本」に触れることをすすめています。とくに過去の成功者の伝記は、読むだけでその人の歩んだ道を同じ気持ちで疑似体験することができますし、ハッとするような素晴らしい言葉にも出合えます。

いい映画を見たときに、優しい主人公のような気持ちになれるのと同じで、いい書に触れると自分も少し「立派」になれたような気がするし、もっともっと「立派」になりたい、きっとなるぞ、という動機づけにもなります。

私たちにとっての「正道」とは

健康住宅の経営理念も《K-J　HEART》に記載されています。

《経営理念》
『正道を行く』
私たちは「お客様への感動の提供」を経営の機軸とし
社員全員で「物心両面の幸せ」を追求します

『正道』とは、覚悟と誇りをもって、嘘偽りなく行動することです。目先の損得だけで企業活動をしない、仕事は全力でやるというような、実にシンプルな価値観です。

そして「お客様への感動の提供」と「物心両面の幸せ」は私たちにとっての大切な『正道』です。

経営理念は、会社を信じて頑張っている社員の皆さんに対する、経営者からの「宣言」であり、それは同時に、一人ひとりの社員さんが守るべき「約束」でもあるからです。

まずは「お客様への感動の提供」です。

私たちの仕事は、単に家を建てることではありません。私たちの仕事は「家づくり」を通してお客様に「感動」を提供することです。

そのためには、お客様の立場に立った「工夫」が必要です。

経営理念にある「機軸」の文字には、その「工夫」の意味があります。だから「基軸」ではなくて「機軸」なのです。

そこをしっかり実現したうえで、私たちは「物心両面の幸せ」を追求する訳です。

会社は、お給料の支給、休日の確保、福利厚生、子育て支援、有給休暇や社員さんの能力開発の応援などの約束を守り、社員の皆さんは、自分に期待された職務を遂行する……ある意味、これは当然かもしれませんが、これは「物心両面の幸せ」の「物」の部分です。

しかし一方で、「物」に代えられないものがあります。

それが「物心両面の幸せ」の「心」の部分です。

実は、「お客様への感動の提供」は私たちが「心の幸せ」を手に入れるための大事な手段です。

「心の幸せ」は、自分が立派になっていく過程で手に入れることができます。

健全な「環境」に身を置いて走り回り、いろいろなことを学びながら、お客様のために仕事をしていれば、人は必ず立派になれます。

そんな『正道』を行けば、自然に健全な価値観が身に付き、いつの間にか立派で穏やかな人になれるはずです。

そんな環境が「いい会社（Good Company）」であり、「いい人（Good People）」への近道なのではないかと思うのです。

お客様への感動の提供を実現し、物心両面で豊かになって初めて、私たちは幸せになれると信じています。

「ルールを守る」と「ディズニーランドのお子様ランチ」のエピソード

消費者であるお客様が「この会社はいいな」と思う対象はさまざまだと思います。商品自体の差別化された素晴らしさからそのように感じてもらえる場合もあると思いますし、その会社のスタッフの人間性が理由でそう感じる、あるいは企業の社会的な取り組みを評価することもあると思います。

しかし、それらを評価する意識の根底には、この会社は多分「社風」がいいんだろうな、という期待が隠されているような気がします。

では、いい「社風」とはどのようなものなのでしょうか？

《K-J HEART》に「私たちの価値観」として20個の項目を掲げています。健康住宅に籍を置く社員さんは、具体的な場面ごとにどのような価値観を持って行動するべきかを示したものです。

その中の一つに「ルールを守る」という、ごく当たり前の項目があります。

そこにはこのようなことが書かれています。

「組織である以上、自己判断で指示を拒んだり、提出するべき書類を提出せずに業務を進めることは許されません。ルールは守るか、正々堂々と変更するか、そのどちらかです。もちろん、ルール変更の申し出には会社や上司は積極的に耳を傾けます。なぜなら、既存のルールがいつまでも疑問視されないとすれば、それは我が社の文化が停滞している証拠だからです。

もちろん『ディズニーランドのお子様ランチ』の価値観に代表される行動を、私たちは勇気を持って応援します。」

最後の2行に書かれているのは、有名な「ディズニーランドのお子様ランチ」のエピソードのことです。

＊　＊　＊

「ディズニーランドのお子様ランチ」

ある晴れた日曜日、ディズニーランドに30歳くらいの若い夫婦が訪れました。

2人は乗り物に乗るでもなく、にこやかに散歩をしたあと、お昼時に「シェフミッキー（ミッキーマウスのキャラクターに囲まれて食事ができるお店）」に入りました。

そこで、2人は大人2人分の食事と、なぜかお子様ランチを1つ注文しようとしました。

すると、ディズニーの衣装をまとったウェイトレスから
「誠に申し訳ありません。お子様ランチはお子様しかご注文いただけないのです……」

と告げられ、仕方がないよね……と顔を見合わせ、2人は注文をあきらめました。

それは、どこにでもあるちょっとした風景に見えました。

でも、そのウェイトレスは、マニュアルどおりには動きませんでした。

テーブルを去ったあと、どうしてもそのご夫婦の悲しげな表情が気になった彼女は、わざわざそのテーブルに戻り、

「なぜ、お子様ランチをご注文されたのですか？」と、尋ねました。

2人は「実は、今日は子どもの誕生日なんです。生きていたら5歳になります……子ど

もはミッキーマウスが大好きだったので……」と事情を説明してくれました。
その後、そのウェイトレスは、厨房に掛け合い、お子様ランチと小さな可愛いミッキーマウスのバースデーケーキをご用意し、お子様ランチの前にはお子様用の小さな椅子を並べて差し上げました……するとその場が華やかに彩られ、お2人と天国のお子様にとって、その日は最高の一日になったのでした。

ウォルト・ディズニーはこの話を耳にし、業務マニュアルの最後のページに「お客様に喜んでいただけるのなら、あなたは何をやってもかまわない……」という一文を付け加え、マニュアルを守らなかったそのウェイトレスを全社員の前で褒めたたえました。

＊＊＊

これは「ディズニーランドのお子様ランチ」と呼ばれる50年以上前に本当にあったお話です。短い文章ですが、このストーリーは真剣に生きるとはどういうことか？　を私たちに教えてくれているような気がします。

企業活動はすべて、TとMとIに集約される

ウォルト・ディズニーは「いい人」だったに違いありません。社長が「いい人」だったから、あの夢のような世界が誕生し、現在まで継続できているのだと思います。そして、その価値観が全社に徹底されているからこそ、ウェイトレスはあえてマニュアルにない臨機応変の素晴らしい行動を取ることができたのだと思うのです。「いい人は伝播する」の典型的な事例だと思います。

しかし注意しなければいけないのは、実は「悪い人も伝播する」ということです。《K-J HEART》に掲載した価値観の一つに「TMI理論」というテーマがあります。これも、社員の皆さんがいつも意識して行動できるように、経営者は継続してお伝えしていくべき、きわめて大切なことだと思います。

TMI理論とは、「企業活動のすべてはT機能、M機能、I機能、の3つの機能のどれかに当てはまる」という理論です。

①T（task）機能

目標や課題を達成していくためのタスク（仕事）の機能、簡単にいえば「お金を稼ぐための機能」です。いわゆる父親的な役割です。会社でいえば、数字（契約・利益）を上げる、原価を下げる、約束を守る、間違いを正す、社内ルールを守る、などです。

②M（maintenance）機能

組織を維持するための機能です。笑顔、ホスピタリティ、癒し、思いやり、応援、感情的に「怒る」のではなくきちんと叱る、といったイメージの活動です。会社的には、福利厚生、休日休暇、社員表彰などもここに含まれるかもしれません。家族でいえば、母親の役割です。

③I（individual behaviour）機能

組織を破壊する、きわめてネガティブな機能です。罵倒する、嘘の報告をする、さぼる、責任転嫁、言い訳、妬み、後ろ向きな発言、あるいは溜め息、裏表のある行動、陰口、下ネタを言う、威圧的な態度、不機嫌な表情などです。

人間ですからどうしてもI機能が出てしまうことがありますが、これを放置しておくと、急激にほかの人に伝播していきます。「いじめ」なども一人が放ったI機能が伝播した結果です。放っておけば、嫌な雰囲気の組織が育ち、結果、壊れてゆきます。

大事なのは、I機能の排除と、T機能・M機能のバランス

I機能が会社にはまったく必要のないものであることは、誰にでもわかると思いますが、T機能ばかりが優れていてM機能はほぼゼロ、あるいはM機能は素晴らしいがT機能が非常に低いとなると、決して「いい会社」にはなれません。

たとえば、住宅会社の営業部にはノルマや歩合制があるのが普通ですが、これはまさにT機能のための仕組みで、このT機能が強すぎると、社内、とくに営業部内にはギスギスした空気が充満します。ライバル意識が悪い方向に向かって、営業の場面では他社の悪口、焼き鳥屋さんでは自社の愚痴……結局はI機能を醸成してしまいます。

そこには「お客様のために」という本来の目的が削がれてしまいがちです。

逆に、優しさあふれるM機能が強すぎると、優しさを通り越して「甘え」「ぬるま湯」の状態が当たり前になってしまいます。寛容すぎる「甘さ」の裏には「残酷さ」が潜み、本当の「優しさ」は「厳しさ」の裏に隠れてなかなか見えません。

結果として、人の成長を妨げ、やがてクレーム対応などの大事な仕事を後回しにすることが平気になり、お客様満足には程遠く、目標や課題の達成を大きく遅らせてしまいます。

感情的に怒るのは、それ自体がI機能ですが、相手を理解したうえで的確に、しっかり叱ることができる、実は、そんな人にはM機能が溢れています。

理想は、その会社の日々のT機能やM機能の行動の中で、自分たちのI機能を自然に排除していく力が働くことだと思います。

T機能を磨き、M機能を育て、自らのI機能を警戒し、仲間のI機能を見過ごさず、勇気をもって指摘する……I機能の排除は企業活動においてとても重要ですが、その実行には非常に高いスキルが求められます。

TMI理論については、私はことあるごとに社員の皆さんにお話しします。

そのうえで、では自分たちの会社は今どうなのかという客観的な検証も続けなければなりませんし、お互いの議論も必要です。

外部からは丸見えなのに、組織の中にいると、自分たちの「偏り」や「ゆるさ」、あるいは「ギスギスした印象」などがわからないのです。

実は、我が社では、I機能の排除と、T機能とM機能の良好なバランスを目指して、平成23年に営業部の歩合制を撤廃いたしました。今となっては、結果的に大正解だった訳ですが、撤廃当初は本当に大変でした。

そのあたりの苦労話は第2章に書かせていただきました。ぜひご参照ください。

社員さん、パートさん、そして職人の皆さんもステップアップ！

毎週1回、1時間の「社長塾」

私は「いい人（Good People）」は企業を超えて存在するものだと思います。

「いい人」は、家庭でも職場でも、どこにいても「いい人」です。

それは、その人が幸せになる大切な条件だと思います。

社員の皆さんが《K-J HEART》をきっかけに、少しでも「いい人生」を歩けたとしたら、こんなに嬉しいことはありません。

会社で学んだことを、ぜひ自分の人生に活かしてほしいと思うのです。

ただ、多分《K-J HEART》は正直、夢みたいな話の羅列なので、どうせ無理だと感じてしまい、つい後回しにしがちだと思います。

しかし「思うことは実現する……」という言葉もある訳ですから、私はことあるごとに、社員の皆さんに《K-J HEART》に書かれている「夢のような話」が実現したらどうなるのかを話します。

その主な場面が、毎週金曜日、午前中1時間の**「社長塾」**です。

《K-J　HEART》を基に全員参加で開かれる社長塾

「社長塾」の時間は、パート社員の皆さんも含めて全社員（約80名）が会社の大会議室に集まり、私の話を聞くことになっています。

平日の午前中ですから、当然のことながら突発的な通常業務も飛び込んできます。

とくに、社長の話が1時間となると、普通はかなり敬遠され、低い出席率になるのが一般的な現象だと思いますが、実は我が社の「社長塾」は恐ろしく出席率が高いのです。

それには理由があります。

やむを得ず欠席しなければならない場合には、その模様を録画したDVDを見て1週間以内に要約レポートを提出しなければなりません。出席すればそのレポートは書かなくてよい……というルールです。

「やばい！　今週『社長塾』参加できないよ！」と残念がる社員さんは、社長の話が聞けないから残念なのか？　レポートを書くのが残念なのか？

別に、どちらでも構いません。

我が社の「社長塾」の出席率は常に90％を超えている訳ですから（笑）。

当然のことながら、社長塾では、毎週《K-J　HEART》の解説を含め、いわゆる「健全な価値観」の共有がメインテーマです。もちろん、私の考える「健全な価値観」なので、それなりに偏っているとは思いますが、軋轢《あつれき》を恐れず社長である限りは続けたいと思っています。当然のことながら、日々の業務で起こった残念なトラブルの情報共有や、厳しい話もします。

また、この社長塾では、私ばかりがしゃべるだけではありません。

コミュニケーション能力の向上の意味もあり、現在「社長塾」の冒頭に「こう見えても私……」というテーマで社員の皆さんに4～5分程度のスピーチをお願いしています。

実は、この企画は非常に当たりました。

社内では、一人ひとりの社員の皆さんに対するイメージというものが固まっているものですが、それは、会社で仕事をしているときの、その人の一つの側面にすぎません。

「私の妻は、（誰もが知っている）あのＣＭに出ていた○○です……」という、信じられないようなホントの話や、

「私、泥棒捕まえて、警察に表彰されました……」というような華奢《きゃしゃ》な女性が登場したりします。

もうすぐ一巡しますので、現在、また新たな企画の思案中です。

月に1度の「社内勉強会」

勉強は、学校を卒業しても続きます。

むしろ、卒業してからが本当の勉強かもしれません。

それが一生続くのが、私たちの人生です。

会社では、月に1度、約1時間、社員全員が集合して**「社内勉強会」**を行っています。

社内には「勉強会チーム」という委員会があって、有志の皆さんが毎回勉強会の内容を企画してくれています。もう9年も続いている、社内の定例行事です。

テキストにしている本の指定のページをみんなで事前に読み、所定の用紙にコメントを記入してから参加します。

5~6人のチームに分かれて約1時間ディスカッションし、その後、全員で1時間半ほどの懇談会を開催します。この懇談会にはアルコールも出ますが、ふざけた宴会にならないように委員会のメンバーが進行します。

また、社内で起こったさまざまな出来事をテーマに、あのときもっとこうすべきではなかったか、今後はこのように改善できるのではないか、といった具体的な討議を行うこともあります。

時には委員会のメンバーが、特定のテレビ番組をみんなで試聴して、テーマを設定してディスカッションするなど、マンネリ化を防いでいるようです。

先日は、営業現場のロールプレイングにみんなで挑戦していました。

営業社員がほかのスタッフをお客様に見立てて、実際に商品説明をしていくのです。単なる座学と違って、みんな役者になったつもりで大盛り上がりでした。楽しい中にも、日頑張ってくれている営業社員に対して周りから温かいアドバイスもあり、なかなか効果的な勉強方法だと感心しました。

社員みんなで一つのことを学んでいくという意識には、大きな意義があります。また、この勉強会は、社員の皆さんが個々の想いをアウトプットすることのできる大切な時間でもあります。

この「社内勉強会」には原則として社長は参加しないのがルールです。社長がいると自由にものが言えない……からです。

なので、この1時間は私は下の階で電話番です。

電話番をすると、結構、日頃、耳にしない情報が入ってきたりして、社長にとって、意外と有意義な時間だったりします。

2か月に1度の「パートナー勉強会」

勉強するのは、社員の皆さんだけではありません。大工さんを含めた職人の皆さんも、お客様の大切な家をつくっていくきわめて重要な仲間であり同志です。

そういう意味もあって、私たちは、協力業者さんのことを、「下請けさん」という表現は使わず、ともに仕事をする仲間という意味で「パートナーさん」とお呼びしています。

この外部のパートナーの皆さん、とくに職人さんに対して、2か月に1度、全員参加で**「パートナー勉強会」**を実施しています。

現場で働く大工さん、職人さんが集まるパートナー勉強会

実は、私たちのような住宅会社が開催する勉強会には、比較的訓練された工事店の代表や営業マンなどが参加して、職人さんは勉強会には参加しないで現場で黙々と仕事……という状況が普通です。しかし、それではあまり意味がありません。

なぜなら、本来、マナーを学ぶべきは、日頃お客様とお会いする機会の多い職人さんなのです。だから、勉強会には、現場で働く職人さんや、大工さんに来ていただくことが肝心です。なので、ここにも少し珍しい仕組みがあります。

実は、我が社の仕事をしていただく職人さんは、2か月に1回（年6回）開催される「パートナー勉強会」に年に3回休んだら、弊社現場へは出入り禁止……という厳しいルールがあります。

我が社で仕事をする限りは、嫌々ながらであっても出席しなければなりません。おまけに、毎回2時間のパートナー勉強会のうち1時間は、私の「社長塾」です。

ここでもやはり《K-J IIEART》に記載されているような内容を具体例を挙げてお話しすることが多いのですが、あるとき、「パートナー勉強会」で職人さんたちにこんな話をしました。

「現場に入ってくるのは、職人さん以外は、健康住宅の社員かお客様、そのどちらかしかいません……ほかに入ってくる人はいないんだから、初めて見る顔でも、にっこり笑いかけてあげなさいよ……」と。

そういうと、彼らは「なるほど……」という顔をしてくれますし、勇気を出して1回でも挨拶すれば、ほとんどにっこりと挨拶を返していただけるのですから、自分も気持ちがいい訳です。1回でも経験してくれたらこっちのもんです。

あるいはこんな話もします。

「皆さん、お客様は自分の命と引き換えに家を建ててるってご存知ですか？」

当然ですが、みんな意味がわからず、聞き耳を立てます。

「何千万も現金を持っている人なんて、まずいません。ほとんどのお客様は、ご夫婦でこつこつと貯めてきた、なけなしの数百万円の預金を解約して住宅会社に支払います。

当然、それだけではお金が足りませんから、銀行からお金を借りて、通常は25～35年の長期の返済を続けることになります。いわゆる銀行ローンです。

そのとき、銀行は貸した数千万円のお金が返ってこなかったら困りますから、お客様は『団体信用生命保険』という保険に加入しなければなりません。

団体信用生命保険の証書には、

『万が一、私が死んだら、残ったお金はこの生命保険で必ずお返ししますからお金を貸してください』という意味の文言が載っています。

つまり、お客様は、自分の命を差し出してお金を借りて家を建てているんです。お客様の、この切ない気持ちをぜひ知ってほしいんです」

職人さんの多くは、そういう仕組みはあまり知りませんから、みんな驚きます。もともと純粋な人たちです。泣きそうな顔をして聞いてくれる職人さんも少なくありません。

51ページでお話しした「ディズニーランドのお子様ランチ」をみんなで読み合わせしたときなど、ポロポロ涙を流す強面《こわもて》の職人さんもいました。職人さんの中には、昔、かなりやんちゃをしていて、「人と目が合ったら睨《にら》まんといかん……」と思っているようなタイプも多いのですが、実は結構「いい奴」だったりします（笑）。

その瞬間、彼らは確実に「いい人（Good People）」です。

パートナー勉強会では、第2章で述べる「美しい現場活動」の成功事例の報告や、個々に改善すべき点なども報告して共有します。大工さんをはじめとする職人さんたちのレベルアップはもちろん、当社の工法ノウハウの継承にも役立ちます。

この「パートナー勉強会」は2010年から始めています。このような取り組みは、なかなか現場には反映されにくいのですが、ここにきて、お客様に大変褒められ、職人さんたちが直接感謝されることも多くなりました。

私もそうですが、いくつになっても褒められると気分が高揚するものです。

当然ですが、職人さんたちも同じはずです。

お客様に一度でも褒められたり感謝されたりすると、

「なかなかいいもんやな……次の現場も頑張ってみるか……」などと思ってくれているのではないかと想像しています。

5S活動、毎朝の清掃

その人が「いい人」であるかどうかは、すべて「心のありよう」です。

しかし、その「心のありよう」は非常に変わりやすく、いろんなものに影響されやすいのです。

たった一冊の本がその人の人生を劇的に成功へと導いてくれることがあるように、悪書に親しみ続けたあげく、本人が気づかぬ間に犯罪者に育ってしまうこともある訳です。

心というのは、訓練すれば鍛えることができますが、その前に、その人が暮らす、あるいは毎日仕事をする「環境」が重要です。

この「環境」を大きく左右するのは同じ空間に存在する「人」です。

そうした意味も込め、会社では「いい人」に成熟していく環境づくりのために、もはや月並みかもしれませんが**「5S活動」**を励行しています。

5Sとは、①**整理**、②**整頓**、③**清潔**、④**清掃**、⑤**しつけ**の5つです。社員の皆さんで構成される「5S委員会」が中心となって、美しい会社への取り組みを継続しています。

とくに基本である④の清掃、については、毎朝、全員で行います。

清掃は、3つの場所をきれいにしてくれるそうです。

1つ目は、当然ですが、お掃除をしたその場所。

2つ目は、頑張ってお掃除をする人の心の中。

そして3つ目は、そうやって一生懸命にお掃除をしている人を見かけた人の心の中まで、きれいにしてくれるのだそうです。

これは『掃除道』（PHP研究所）の著者、鍵山秀三郎さんの受け売りですが、とくに3つ目のくだりでは、昔、一生懸命お掃除をしていた天国の母を思い出します。もしかしたら、自分の心も、あの頃、母親が少しきれいにしてくれていたのかもしれません。

5S活動のなかでもとくに大切な清掃は全社員で行う

なので、我が社では、毎朝20分間ですが、80名の社員が2班に分かれて、40人は社内を、40人は近隣のお掃除を実施しています。

社員が使う事務所内のトイレや会議室などはもちろん、お客様がいらっしゃる打ち合わせブース、チャイルドスペース、そして、会社の外周りだけではなく、いつもお世話になっている近隣周辺も毎朝、社員さんが手分けしてお掃除します。

80名全員でやれば、相当な部分のお掃除が可能です。

これが私たちの一日のスタートです。

劣悪で居心地の悪い環境にいれば心はどうしてもすさんできます。職場や家の空間が「居心地がよい」のは、「いい人」づくりのためには大切なことです。

先日、朝礼で社員の一人が「最近、隣のうどん屋さんの具が増えたような気がする……」と嬉しそうに話していました。もちろん、それが近隣清掃の目的ではありませんが、やはり嬉しいものです。

快適で居心地がよい場所に「いい体」や「いい心」が育ち、結果として「いい人」が生活することになるのだと思います。

美しい現場活動で工期が短縮!

我が社では、社員が部署に関係なく自発的に集まって行う委員会活動が盛んです。その中に**「美しい現場委員会」**という委員会があります。お客様の大事な「建築現場」をできるだけ美しくしたいという思いを、現場監督に任せきりにするのではなく、社員全員で推進しよう、ということで始まりました。

当初は、毎月日時を決めて、経理や受付など普段は現場に触れることがない内勤の社員さんも含めた全社員で、そのとき工事中のすべての工事現場を手分けして訪問し、近隣も含めて清掃をして帰ってくるという、啓発的なパフォーマンスでした。いつも現場を見ていないスタッフに、さまざまな気づきも与えてくれるという試みでもありました。

それがいつの間にか「裸足で上がれる現場を目指そう!」というレベルにまで進化し、今では職人さんたちの**1日5回の清掃**（①朝出勤時、②午前10時、③お昼休み、④午後3時、⑤帰る前）が徹底されるようになりました。今や、健康住宅の現場は、どこへ行っても驚くほどきれいに片づいています。

現場で仕事をしている大工さんからは当初、「そんなに掃除ばかりやると、仕事をする時間がない……」といった苦情がありました。しかし、それも最初だけで、ある現場が非常に美しく、その状態の写真が前述の「パートナー勉強会」で紹介され、お施主様の喜びの声などが報告されだすと、それが職人さんたちのやる気に火をつけ、いつの間にか各現場が競うようにきれいになっていきました。

現場の清掃がエスカレートしていったのは、競争心だけが理由ではありません。現場がきれいになると、大工さんにとってもいいことがたくさんあることが、本人たちにもわかってきたのです。

職人さんによる1日5回の清掃で作業効率がよくなった

第1に、当然ですが、お施主様に喜ばれ、驚くほど感謝されます。

ふいにお客様が訪れたときに、ビックリするほど工事現場がきれいで整理整頓がなされていると、それだけで本当に心から喜んでくださいます。褒めていただくような機会が

めったになかった職人さんたちにとって、それは照れくさいながらも、仕事への大きなモチベーションにつながっています。

第2に、実は工期（工事期間）が短縮され、大工さんの収入が増えたのです。

工事中の現場の玄関

現場がきれいで材料や道具の整理整頓が徹底されると、作業効率が高まり、手際がよくなって、間違いも少なくなりました。当然、出戻り工事（勘違い施工や現場監督の検査不合格部分をやり直す工事）などが驚くほど減り、結果、工期が短縮されたのです。

大工さんは、工期に関係なく手にする報酬は変わらない、いわゆる「手間受け」ですから、当然、工期が短くなると彼らの収入は増えるのです。

第3のよい点は、いつも掃除をするクセをつけてやっていると「気分がよい」ことを、大工さん自身が理解してくれたことです。

今や、大工さんの多くが、

「お施主様は一生に一度の買い物をするのですから、私も一生に一度のつもりで仕事せんと罰が当たりますよ」

というようなことを普通に口にしてくれます。

実は、できる職人さんほど、仕事をしながら手際よく掃除をしていきます。合理的で無駄がありません。掃除というひと手間をかけることで作業効率をよくし、結局は作業時間を短くしていることがわかります。プロとはそういうものです。

「美しい現場委員会」という、思いつきのような活動が、現場の大工さんのプロ意識を醸成してくれています。

大工さんたちの服装にもだらしなさがなくなり、気のせいか笑顔が増え、皆さん人柄がよくなったような気がします。

多分、大工さんたちの「心」の中がきれいになったんだと思います。

新卒社員大工の育成と存在

ここで、社員大工の育成について、少し触れておきます。

本来、「大工」という仕事は、「棟梁」という呼び名からもわかるように、その地域の顔役の職業でした。

幼稚園児の「やりたい仕事」アンケートでは、「大工さん」は今でも「野球選手」や「サッカー選手」などと並んで、いつも上位を占める職業です。

社員大工の皆さん

しかし、残念ながら「仕事がきつい」「収入が不安定」「保険・年金のシステムがない」「将来が不安」などの理由から、親子で頑張っている一部の人工さんなどを除き、業界には後進がほとんど育っていません。

今、日本の大工さんは非常に高齢化が進んでいます。あと10年もすれば、職人不足が原因で廃業に追い込まれる工務店が続出するといわれています。

実は、我が社は、2010年から「新卒社員大工の育成」にトライしています。

もともとは、若い大工さんを育てたい……という単純な思いからスタートしたのですが、そのためには彼らの収入に対する不安を解消する必要がありました。

社員（サラリーマン）であれば、「収入が不安定」「保険・年金のシステムがない」などの悩みが解消されますし、当初は試行錯誤が続き、苦労が絶えなかったのですが、ここにきて、大工としてのプライドが育ち始め、何より非常に人柄のよい職人さんの組織が育ちつつあります。

「社員さんは、規則には従わなくても、社風には従う……」という言葉を聞いたことがありますが、明らかに我が社の社風が影響しているような気がします。

社内にも、会社のスタッフ全員で彼らを「育てている」感覚があります。

現在、14名の社員大工のうち、4名が、弊社社員の肩書のまま、立派に「棟梁」として活躍しています。見習大工は10名ですが、そのうち2名が女性です。

今後、受注より職人さん、とくに大工さんの確保のほうが難しい時代が必ずやってきます。

私は、ロボットがマンションを施工する時代が来ても、人柄のよい大工さんと一緒に木造住宅をつくりたい……一戸建てに住みたい……という日本人のマインドは決してなくならないと思います。

いずれ彼らが、我が社の大きな競争力になってくれるはずです。

「完全禁煙会社」

私は1998年、39歳で健康住宅の社長に就任しましたが、それまで多い日は1日に3箱（60本）を吸うヘビースモーカーでした。

社長になった当日、願掛けもあり、年間77棟の受注を達成するまでは絶対にタバコを吸わないと宣言して経営をスタートしました。

1年目は年間受注が8棟でしたから、当時、77棟は夢の数字でした。

私が禁煙を破ると「ああ、社長は77棟をあきらめたんだな……」と思われるので必死でした。最初の2～3年はタバコを吸う夢を何度も見ました。

お陰様で、数年前に77棟は達成したのですが、結局タバコは吸いませんでした。ただ、喫煙の経験はある訳で、実はあのタバコの香りは嫌いではありませんし、禁煙の辛さはよく理解しています。

私の父親は非常に古いタイプの経営者でした。中小企業の社長は親分のようなものだから、雇った人間の生活まですべて面倒みないといけない……という考えの人でした。

中小企業が、大手企業に伍《ご》して戦うには、社長が強い意志を持って、トップダウンで会社を引っ張っていかなければならない場面も多いと思います。

それが善い悪いは別にして、私は、思うところあって我が社を強制的に「完全禁煙会社」にした経験があります。

完全禁煙とは、社内やお客様の前だけではなく、タバコを吸う習慣のある人は社員であってはならない……社員でいる限り、一人でいるときも、家にいるときも、その人の生活の中では、一本もタバコを吸わないということです。

「健康住宅は来期（1年後）から完全禁煙会社に移行します。来期以降、タバコを吸う習慣のある人は会社を辞めてもらいます。1年後の今日までに、タバコを止めるか会社を辞めるか、どちらかに決めてください」

私は、社員全員の前で、いきなり宣言しました。2009年のことです。

住宅業界は喫煙者が多く、当時、男性社員の半数近くがタバコを吸っていました。社員の皆さんはビックリしていましたが、1年間の猶予の間に病院に通って禁煙治療を受けた社員さんもいて、結局、タバコを選んだ社員さんは一人もいませんでした。

ただ、実は、過去に一人だけ辞めさせられそうになった社員さんがいます。

「完全禁煙会社」へ移行した半年後、彼がコンビニで気持ちよさそうに、ゆっくりとタバコを吸っている現場に、社長の私が偶然、車を乗り入れ、煙の立つタバコを手にした彼と目が合ってしまいました。まるで、コントのようなシーンでした。

私は彼を社長室に呼び、労働基準局に相談されたらどうなるかなあ？　などと思いながら、本当に解雇を言い渡しました。

ところが、その社員さんは皆から愛されていたのでしょう。その日のうちに、私の手元に社員さんからの嘆願書が届き、「もう一生タバコは吸わない」という約束をしてもらって、情状酌量となりました。

彼は今も元気に働いてくれています。

もちろん、タバコは1本も吸っていない……はずです（笑）。

毎年、約半数が「ご紹介受注」

当社の自慢の一つが、ご契約の約半数が、過去に我が社で家を建てていただいたお施主様からのご紹介であるということです。

健康住宅の家を購入して暮らし始めたお施主様が、新たなお施主様を紹介してくださる。これほどありがたい評価はありません。

ご紹介受注の多さが、「ハウス・オブ・ザ・イヤー（国土交通省）」の大賞受賞や、「おもてなし企業100社（経済産業省）」への選出などの客観的な評価の一つになったとうかがいました。

なぜ、ご紹介受注が多いのか、これは我が社の何に対する評価なのか……私は、多分、我が社の「社風」が大きく影響していると思います。

当然のことですが、「いい家」をご提供しようと努力するのは当たり前ですが、我が社では、それを「いい人」がつくるという点を重視して、いろいろなことに取り組んできました。そこが、結果的に評価されているような気がします。

図に乗ってはいけませんが、あまり他の会社にはない我が社独自の競争力になっているような気がするのです。

徹底的に真似る

我が社のモットーは「徹底的に真似る」です。

我が社のいろいろな取り組みを見て「社長はアイデアマンですね」などと言われることがあります。しかし、実はそうではありません。我が社の取り組みのほとんどは、どこかの「会社」で実際に実践していることばかりです。

私たちはそれを徹底的に真似ているだけです。

先にご説明した、全社員で行う「バーベキュー」や「社員大工の育成」、あるいは「完全禁煙会社」もそうです。我が社の《K-J　HEART》も、あの有名なJohnson & Johnson社の《我が信条（Credo）》の物真似です。

我が社の競争力の秘訣は、正に「徹底的に真似る」です。我が社にオリジナルがあるとすれば、真似していることの「組み合わせ」だけかもしれません。

ご紹介受注の多さも、実はその結果なのです。

第2章
住宅会社の「お・も・て・な・し」

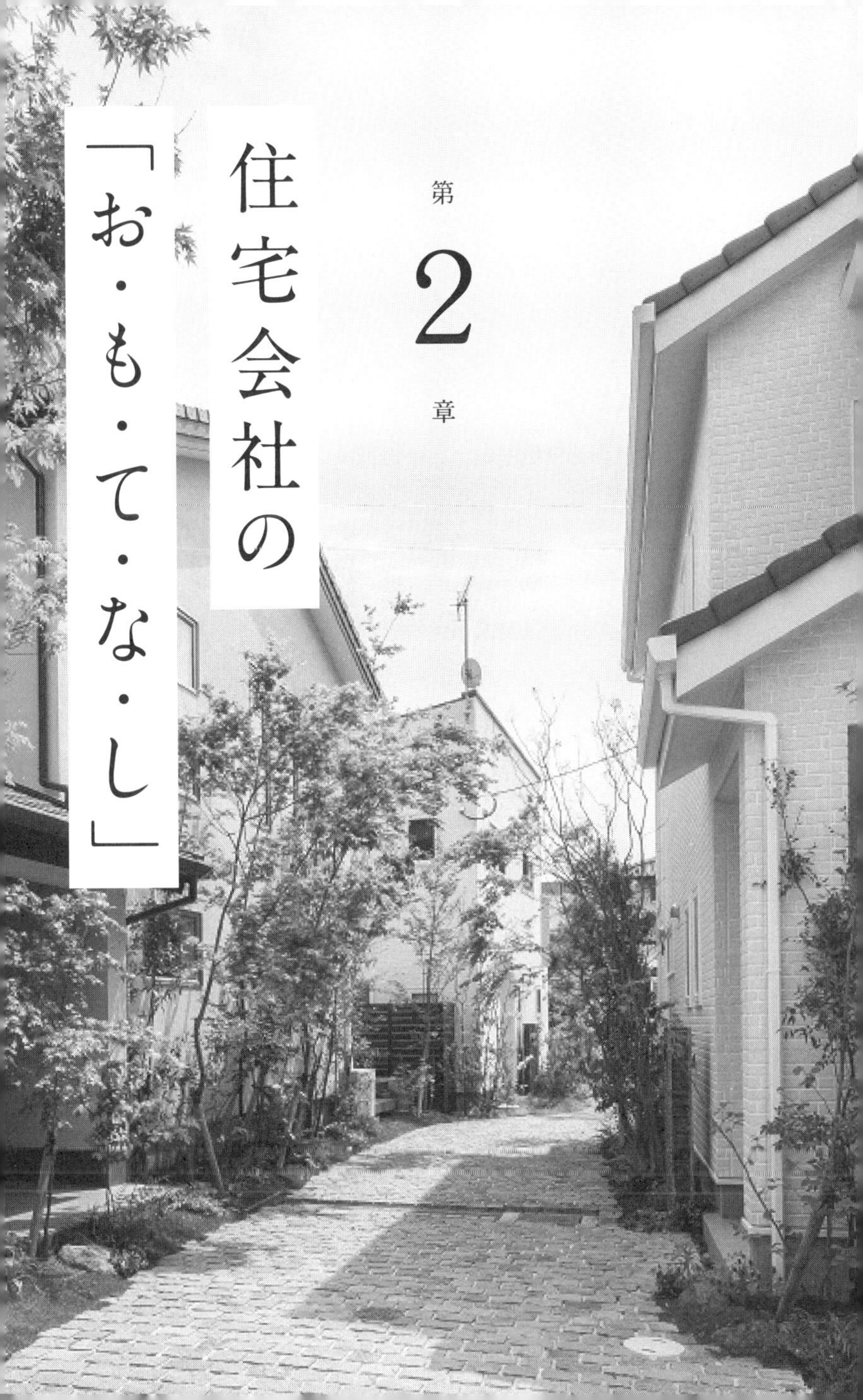

健康住宅が歩合制をやめた理由《わけ》

購入した家に不満を抱く、それが当たり前？

ひと昔前まで、お客様をだましてでも契約を取る……ということになんの後ろめたさもなく、むしろそれを営業マンに奨励するような住宅会社がよくありました。

現在は、そんな犯罪すれすれのやくざな企業はほぼ淘汰されてきた感がありますが、人生を賭けて建築し、素晴らしい未来を手にするはずであった「家づくり」が失敗に終わってしまったと感じる例は枚挙にいとまがありません。

バブルの頃、いやそのずっと以前から、そしておそらく現在も、住宅業界は「本気のお客様第一主義」というものがなかなか実現できていないような気がします。

誤解を恐れずに言うならば、簡単にごまかせるのが「家を建てようとするお客様」だからです。

なぜでしょうか？

その大きな理由は、住宅は他の商品と違い、数えきれない種類の商材や建材、工法システムなどの集合体なので、家を建てる、あるいは土地建物を購入するお客様と、住宅会社が持っている知識の量や幅、深さの乖離《かいり》が大きすぎて、一般の方では到底太刀打ちできないからです。

「キッチン」「ユニットバス」「洗面」「トイレ」「アルミサッシ・複合サッシ・樹脂サッシ・ペアガラス・トリプルガラス」「屋根瓦」「外壁」「布基礎・べた基礎」「グリーン材・乾燥材」「合板・無垢材」「断熱性能」「免震・制震・耐震」「換気・気密」「個別冷暖房・全館空調」「住宅ローン」「金利」「火災保険」「地震保険」……もう数え上げればきりがありませんし、そのそれぞれに専門的な知識が必要です。

たとえば、よく「坪単価」などといいますが、肝心の建物の面積はどこからどこまでをいうのかを知らないお客様がほとんどです。坪単価を安く表現しようと思えば、建物面積が広くなるように計算すればいいだけですし、その計算方法は住宅会社に任されていて、そこにはなんの規制もありません。

実は「住宅のプロ」を自認する私たちでさえ、専門家に確認しないとわからないことも多いのです。ただ、私たちには確認する方法や教えてもらうブレーンが社内にも社外にも多く存在しますが、それを個人やご家族だけで勉強して正しい結論を下すのは至難の業です。

残念ながら、住宅業界には、その「圧倒的な知識の差」につけ込み、後ろめたさや罪悪感を後回しにして、つい会社の利益や自分のお給料を優先してきた歴史があります。

前置きが長くなりましたが、その歴史の原因の一つが今でも住宅会社で普通に見られる営業部の歩合制です。

歩合制が「お客様第一主義」を忘れさせる

お客様は人生を賭け、住宅ローンを組んでまで建築する訳ですから、住宅会社の営業マンはそう簡単に契約が取れる訳ではありません。

したがって、お客様の背中を最後に押して、契約に持っていく能力が必要です。しかし、それがエスカレートして、お客様の不安を後回しにして、夜討ち朝駆けで、ただただ強引に成績を上げる（自分のお給料を上げる）ことだけを目的に営業してしまったら、それはもう会社の利益、自分の利益だけの世界になってしまいます。

企業は「お客様の求めるもの」を商品として販売することで利益をいただく、それによって存続するものです。

「お客様がガッカリするようなモノや残念なサービス」は、そもそも商取引として成立しないはずです。

だとすれば本来「企業が存続するためにどうしても売らなければならない」「そのためにお客様が後悔しても仕方がない」という概念は商取引ではありません。

しかし、歩合制営業部の責任者は、自分に課せられた数字を確保するために、自社の営業マンに対して「そんなこと気にしないで契約を取ってこい！」と尻を叩きます。

結果として「お客様に、この程度でガマンするものだということを教えなければ、手間ばかりかかって、営業成績に響くよ（お給料が減るよ）……」といった、おかしな教育になっていく訳です。

程度や割合の差はあるでしょうが、ほとんどの住宅会社の営業マンの給料は歩合制です。

歩合制とは、毎月支払われる基本給の額は普通のサラリーマンに比べるとかなり低く抑えられ、取った契約1本ごとに決められた高額の報酬がもらえるという給与制度です。基本給は一般社員の半分、あるいはそれ以下程度なので、子どもがいる家庭はとくに、とてもそれだけではやっていけません。

彼らは、月に1本、悪くても2か月に1本くらいは契約を取らなければ生活が成り立たないのです。だから必死になる訳ですし、優先順位は、どうしてもお客様より契約成立に傾かざるを得ません。これは給与制度の問題で、彼らには守るべき家族がある訳ですからある意味、仕方のないことです。

しかし能力の高い営業マンは、これで驚くほど稼ぎます。ユーモアがあり、お客様に気に入られ、交渉のツボも心得ているので、一気に契約まで持っていきます。社内でも稼ぎ頭はスターのような存在で、プライベートでは高級外車を乗り回すような人も少なくありません。

しかし、歩合制でがんがん稼ぐ営業マンほど、その会社の商品の売れ行きが峠を越したり、クレームに追われたり、あるいは人間関係などが理由で、簡単に転職してしまいます。営業という仕事の本質は変わりませんから、売る能力さえあればどこの会社でも稼げるからです。

こうして歩合制のスター営業マンは、会社に所属しながらも、イベントなどの共同作業には協力せず、数字を上げている限りは勤怠管理が甘くなり、一匹狼のようになっていきます。そしてほかの営業マンも、そんな高給を手にする歩合制のスターに憧れ、営業トークを真似て頑張って契約を取ろうとします。仕事のスキル面だけでなく、考え方や生活態度などもその人に寄せられていくのです。

では、歩合給を支払う会社のほうはどうかというと、実は、歩合制は、会社にとっては非常に都合のよい給与制度なのです。

歩合制の社員なら何人いても大きな負担にはなりません。基本給が極端に低いからです。しかも契約が取れない社員を、お金と時間をかけて大事に教育する必要もありません。なぜなら彼らは、成績が落ち込んでくると生活ができなくなって、いつの間にか退職せざるを得なくなるからです。

営業マンを大量に採用して、稼げる営業マンだけが自然に残っていく、こんな簡単な仕組みはありません。一方で、歩合制のスター営業マンにはビックリするような額の給料が支払われますが、それは彼らが取ってきた契約に上乗せされた利益から楽に支払うことができるのです。

不景気になると、成績の悪い営業マンから順次退職していくことになります。会社にとってはある意味、都合のいいリストラです。

営業マンの将来を気にしなければ、あるいはギスギスした営業部の雰囲気をよしとするならば、実は歩合制は経営者にとっては楽なシステムです。

しかし、お客様にとってはどうでしょう。まるでメリットがないように思えます。

そして、その歩合制で頑張る営業マンの人生はどうでしょう。

彼らが幸せな人生を歩くのは並大抵のことではありません。

全員がそうだとは限りませんが、人生の終盤、虚しさを感じてしまう営業マンも多いのではないでしょうか。

歩合制を撤廃しても誰も辞めなかった！

実は我が社の営業部もかつては歩合制でした。

私はその方法しか知りませんでした。

しかし、私は自分の会社に入社してきた社員さんを後悔させたくなかったし、自分の経営する会社を「いい会社」にしたかった……そして何より、私たちを選んでくださったお客様を後悔させたくない……そんな理想を求めて、平成23年に歩合制を撤廃しました。

ところが、これは決して簡単なことではありませんでした。


私が歩合制を止めることを本気で考えたのは、徹底的な顧客第一主義で知られる滋賀県の住宅会社「びわこホーム」の上田会長の存在を知ったからです。

上田会長は、かつて歩合制を撤廃するためにいかに苦労されたか、どのような失敗があったのかを詳しく教えてくれました。

その中に、歩合制の撤廃で最初に立ちはだかった大きな壁は「成績のよい営業マンが次々に辞めていった」ことだとおっしゃっていました。

彼らにとっては、歩合制が撤廃されれば、当然のことながら今までと同じ数字を上げてもその報酬が下がる訳です。彼らがほかの歩合制の会社への転職を考えるのは、当たり前です。

そこで私は当時、歩合制の対象となっている営業社員の皆さん一人ひとりと面談を繰り返しました。

彼らは会社が歩合制を選択している「不都合な真実」など知る由もなく、歩合制の理由などは考えたこともないので、話の結論は、「要するに社長は私たちのお給料を下げたいんでしょ？」ということでしかありません。

なので、なぜ私が歩合制をやめようとしているのか、その意味を一つずつ丁寧に説明しました。

「歩合制は、実は会社にとって非常に都合のよい給与体系であること」

「仕事を通じていい人に成長してもらいたいこと、自分の勤める会社をいい会社にしていくことが、結局は、社員全員の幸せな人生につながるんだということ」

「営業というのは本来もっと楽しい仕事のはずだ……」

「これからはチームワークで受注する……」

「社員全員が、全体最適を考えながら、それぞれが自分の仕事をきちんと遂行したら、自分たちの給料は自然に上がっていく……」

「ぜひ、この会社で自己実現を目指してほしい……」

そんなことを、一人ひとりに真剣に伝えました。

正直いって、注文建築は建っていないものを売る訳ですから、お客様の頭の中にある新しい家のイメージをすべて知ることは至難の技です。しかし「建てた家に不満が出るのは当たり前……」とでも言いたげな表現や表情は、やはりしてはいけないと思います。

「自分たちがもう少ししっかりしていれば避けることができたかもしれない……」と、自らに矢を向ける、そんな格好いい営業マンを目指してほしいと思うのです。

結局、歩合制を撤廃して、会社を辞めた人は一人もいません。

この事件をきっかけに、営業マンを中心に、社員のほとんどが共同作業に汗を流すようになりましたし、慰安旅行などはほぼ全員参加です。

社員さんの多くが、自分は「いい会社のいい社員」を目指しているんだという自覚と自信に目覚めてきたように思います。

今では、社内で転籍希望を取ると、実は営業部が一番人気です。

当たり前ではあります。営業は本来、楽しい仕事なんですから。

お客様からのクレームが人と会社を育てる

クレーム対応は我が社の最優先事項

企業は、重要な仕事を優先して行い、効率的に成果を上げていこうとします。いくつかのやるべき仕事が同時に存在しているとき、社員の皆さんそれぞれが何を優先して行うべきかを臨機応変に正しく判断しなければなりません。

《K-J HEART》には「仕事の優先順位」という項目があります。その中で1番目に挙げているのは「クレーム対応」です。お客様からのクレームが届いたときは、すべての仕事に優先して、その対応に従事するという意味です。

お客様のお気持ちを考えれば、そうするのが当たり前であることは誰でも知っています。

しかし、どんな状況であってもそんな行動が取れるか……となると話は別です。

なぜなら、当然のことながら、社員の誰もが常に目の前の仕事に取り組んでいる訳ですし、それは、アフターメンテナンスの担当者であっても同じことです。

クレームのご連絡は、ほぼすべてが突然なので、その対応を優先しようとする「組織」には、実は非常に高いスキルが必要です。

必要なのは、まずチームワークです。会社の仕組みにもよりますが、一般的には、まずは仕事中の誰かがクレームのお電話を受けることになります。

肝心なのはその瞬間です。

電話を受けた社員を決して一人きりにせず、周りの先輩社員が「ん？」と聞き耳を立て、話が終わったあと、「どうした？」と声をかけ、内容によっては「よし、俺に任せとけ……」と、その場で段取りをするなどの範を示してあげないといけません。なぜなら、どこの企業でもそうだと思いますが、電話を受けるのは女性社員か、一生懸命な新人である場合が多いからです。

もちろん、そこには「何よりも、クレームの対応を優先するんだ……」という全社員共通の価値観も必要です。

だから《K-J HEART》が必要なのです。

前の章で「ディズニーランドのお子様ランチ」のお話をしました。社内で決められたルールは、社員の判断でその場で破られることがあってもいい。それがお客様にとって愛ある大切な対応となるのであれば、というお話です。

かなり昔のことですが、我が社でこんなことがありました。

お引き渡し直後にお客様からクレームのご連絡をいただき、すぐに担当者がうかがったのですが、取り付けた窓周りの建材が不良品であったらしく、窓枠が外れ、大きく歪んでしまっていました。明らかにサッシの取り換えや、一部外壁の張り替えなど、大変な工事になることは明白です。

お客様が心配そうに「無償で修理してもらえるのか？」と尋ねると、担当者は「確認してご連絡します」と答え、その回答を翌日まで保留してしまったのです。

担当者は、大きなお金がかかることが明らかだったので、自分の独断で答えてはいけないと判断して、慎重を期しての行動だったはずですが、その行動からは、お客様の「気持ち」や「感情」が抜け落ちていました。

当然のことですが、その「大きく歪んだ我が家の窓」を目撃したお客様にも、簡単な手直しでは済まないことくらいは直感的に理解できます。

そのお客様は、その歪んだ窓を眺めながら、一夜を過ごされたのです。

「昨日は何ともなかったのに……」

「お引き渡しOKのサインをしちゃったけど……こんな場合の費用は誰が負担するの？」

「入居してすぐなのにこんなことになってしまうなんて……」

「このままなんの連絡ももらえないのではないだろうか……」

不安になり、情けなくなり、奥様はその夜、ぽろぽろと涙を流されたとうかがいました。

その日、少なくとも、社長である私が報告を受け、万が一、福岡にいなかったとしても、写真データを確認し、即座にご連絡を入れ、私の声でひと言「ご心配なさらぬように……」と申し上げていれば、この悲しい状況は避けることができたはずです。

残念ながら、私たちの未熟さが「ディズニーランドのお子様ランチ」とはまったく逆の結果を招いてしまいました。

しかし、この経験は我が社のクレームに対する基本的な2つの行動パターンを育てる貴重なきっかけになりました。

キーワードは「第一発見者」と「私たちからのご連絡」

まず1つ目は「不具合の第一発見者」を目指す……ということです。

クレームの多くは、些細な言葉の行き違いから始まります。どんなに小さなキズでも、それをお客様が最初に目にした場合、お客様が「もし私たちが発見しなかったら、このまま放置するつもりだったのではないか?」という疑念を抱いてしまうのは当たり前です。

しかし、まったく同じキズでも、その小さなキズを、もし、営業担当者や現場の職人さんなどが先に見つけてご報告差し上げて手直しすれば、逆に、お客様に「よく見つけてくれた」「正直な人たちだなあ……」という感情が芽生えるのもまた、普通の感情です。

もちろん、そんな些細なことですべてのクレームが解決するほど、世の中は甘くはありませんし、キズや不具合の度合いにもよりますが、少なくとも、私たちの仕事への取り組み方は伝わるはずです。

そのためだけにという訳ではありませんが、我が社では、第三者機関に依頼している雨漏り防水検査や、役所で定められた中間検査・完了検査以外に、お引き渡し直前に半日かけて徹底した「キズ検査」を、担当現場監督以外の5人の現場監督が行います。

我が社には現在、10名の現場監督が在籍しますが、その中から、担当者ではない現場監督5人が選抜されます。担当した現場監督はどうしても、自分の現場で工事をした職人さんに甘くなってしまうからです。もちろん、そこまでやっても第一発見者になれない場合は多々ありますが、ブラッシュアップを繰り返し、今後も常に「第一発見者」をあきらめないで継続しようと思います。

2つ目は月並みですが「コミュニケーション」です。

「コミュニケーションが大事」などと言うと、間違いなく、そんなことはわかっていると返される場合が多いと思いますが、ではできているのか？　と問いかけると、実はほとんどできていないのが建築現場です。

そんな関わりが嫌いだからこの仕事に従事しているんだ……と公言する職人さんも多く、現場監督もどちらかというとそんなタイプが多いのです。

そこで、我が社では数年前、週に1回の「ご不安質問コール」を現場監督に義務付けました。1週間に1回以上「工事は順調に進んでいますが、何か心配なことはありませんか?」という質問をお施主様に投げかける……ただそれだけです。

我が社の場合、前項でお話ししたように、営業部が歩合制ではないので、担当営業マンについては、よくいわれる「契約が終わったら急に連絡が来なくなった……」というような残念なご指摘は非常に少ないのですが、現場監督についてはそうではありませんでした。

実は、現場監督に週に1回の「ご不安質問コール」を義務付け、ご入居後アンケートにその質問の覧を設けたにもかかわらず、調べてみると、最初の1年間は、週にわずか1回のお電話でさえ実行できていない現場監督がなんと半数にも及んでいました。

最近はそんな状況も過去のものとなり、結果、クレームの発生率が驚くほど低減されました。近頃は、お施主様から建て主様のご紹介をいただくときなどに、同時に現場監督や大工さんのご指名もいただくことも多くなってきました。

もちろん、大事なことは現状に決して満足せず、常に一歩先を見据えて改善を繰り返すことだと思います。

将来のクレームの削減という観点で、最近の非常に優良な「改善」「改革」をご披露します。

たかが「リペア工事」……されど「リペア工事」

我が社にK君という、手先は器用だけど、会社の雰囲気にいまいち乗り遅れてしまっていた社員がいました。彼は会社内でなんとか自分の居場所を見つけようと必死だったのだと思います。

建築工事の終盤に「リペア工事」という工程があります。

「リペア工事」とは、工事が終了して、お引き渡し直前に発見された大小さまざまな「キズ」の補修工事のことです。当然のことながら、工事中は柱や床などにキズがつかないように「養生《ようじょう》」するのですが、工事が終わってその「養生」を剥ぐと、アッというようなキズが柱についていて慌てる……というような場面は決して少なくありません。

建築業界には「リペア」の専門業者さんが多数存在し、「リペア工事」は一般的にはその専門業者さんに外注します。

その予算もバカにならないので、建築会社はあらかじめその予算を原価に入れて見積もります。当然ですが、我が社も少なからぬ予算を計上していました。

そこでK君の登場です。

彼は「リペア工事」を自社で行いたいと提案してきたのです。世の中に、リペア工事の専門学校などは存在しませんので、彼の提案が簡単ではないことは誰の目にも明らかでした。しかし、K君は真剣でした。彼は「リペア工事」の材料を販売しているメーカーに問い合わせ、あるいは展示会などでそのスキルを学び、数年でみごと「リペア工事」の内製化に成功したのです。

1年間で削減できた「リペア工事」代金はK君の人件費をはるかにしのぎます。

この成功には後日談があります。

「リペア工事」を専門業者さんに外注する場合、業者さんにとっては、実は「養生」を剝いだあとの「キズ」が多ければ多いほど、売り上げが見込める訳です。しかし、この「リペア工事」がK君の自社施工ということになると、「キズ」が少なければ少ないほどK君の仕事は減り、時短につながり、空いた時間を有効に活用できます。

そこで彼は、現場監督や大工さんに工事中の「養生方法」の徹底的な指導や優良な「養生材」の提案を始めたのです。

結果、我が社の建物は竣工後、補修をするべき「キズ」が圧倒的に少なくなりました。

当たり前のことですが「キズ」はないに越したことはありません。

今やK君は我が社になくてはならない立派な「人財」の一人です。

「おもてなし経営企業選」全国から100社選出

無形の価値の評価・経済産業省

あるとき、私は経済産業省が主催する「おもてなし経営企業選」のことを知りました。お客様だけでなく社員や地域社会からも愛される経営を「おもてなし経営」と称し、これを実践する企業を選考、表彰しようというものです。

「おもてなし経営企業選」の選考委員長である力石寛夫氏は、アメリカでマネジメントを学び、その後日本でホテル、外食、レジャー産業などのコンサルティング会社を経営する素晴らしい経営者です。

力石氏は、「量」よりも「質」を大事にし、「当たり前のことを当たり前にする」ということが根づいている企業を優先して選出すると述べられています。

そしてその具体例として、

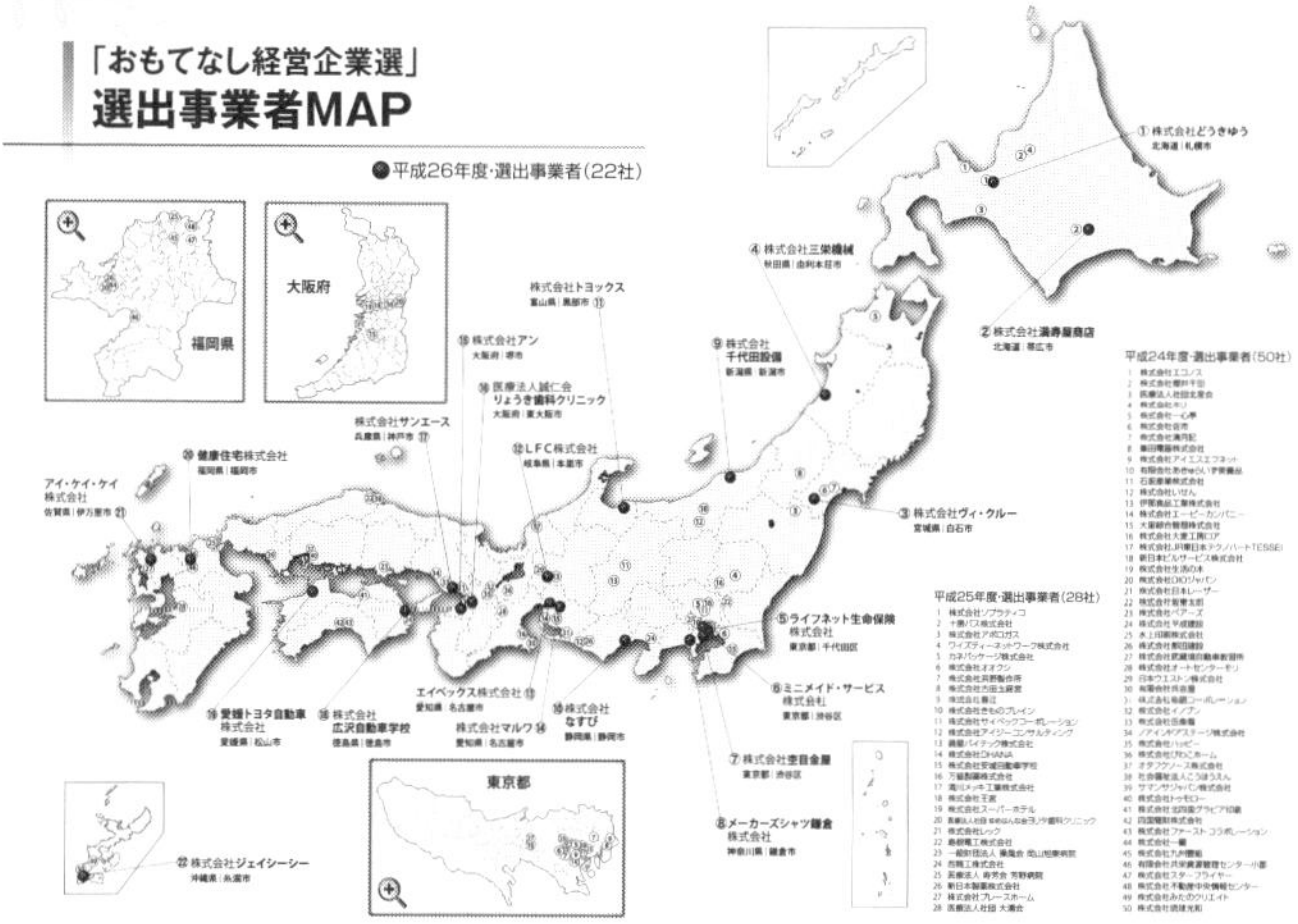

出典:「おもてなし経営企業選」選出事業者MAP(経済産業省HPより)

① 「挨拶」がきちんとなされている
② 「時間」の概念がしっかりしている
③ 「清潔で衛生的」な環境が心がけられている

というきわめて基本的な3点を挙げられています。

この3点は、昔の日本人なら小さい頃から当たり前のように言われていたことですが、この3点を大事にして実践を心がけている企業は、「たとえ小さくても眩しいほどに輝ける」と、力石氏はおっしゃいます。

また、3年間で入選した企業の重要な共通点として、

「しっかりとした『経営理念』を持っている……社員一人一人の『社員信条＝行動規範』が具体化され、行動に移されている……『人が大事』にされている……」

としたうえで、この賞は、

「お客様の満足と同時に、社員の満足を非常に大事にしている企業に『誇り』を差し上げる……有形なもの以上に『無形の財産』をきちんと認め、光を当てる……その意味でとても価値のあるアワードです」

と結論されています。

これまで3回の募集が行われ、平成24年度に50社、25年度に28社、そして26年度に22社、3年間で全国から合計１００社が選出されました。

我が社は最終年度の22社に滑り込み、栄えある賞をいただくことができました。

正直、我が社はとてもそんな立派な企業ではありませんが、立派な企業になりたいと努力している部分が評価されたのだと思います。

受賞には、新聞・雑誌の取材など、社会的な評価をいただける大きなメリットがありましたが、それにも増して、今回の受賞は私たちに、目指すところは間違っていないんだ……というささやかな自信と満足を与えてくれました。

お客様の満足と幸せを追求することが社員満足につながる

正直、我が社は、目指す立派な企業に憧れる一中小企業に過ぎませんが、お客様の満足と幸せの追求が、社員の皆さんの幸せにつながるのではないかと、漠然と信じてやってきたことが評価されたのだと思います。

《K-J　HEART》に書かれていることを、社員の皆さんが理解して実践していこうとする社風は、間違いなく我が社の『無形の財産』です。

そのことが認められ、評価され、選出に至ったのかもしれません。

あらためて襟を正し、ゴールを目指し続けたいと思います。

第3章 「高性能住宅」に欠かせない5つの要素

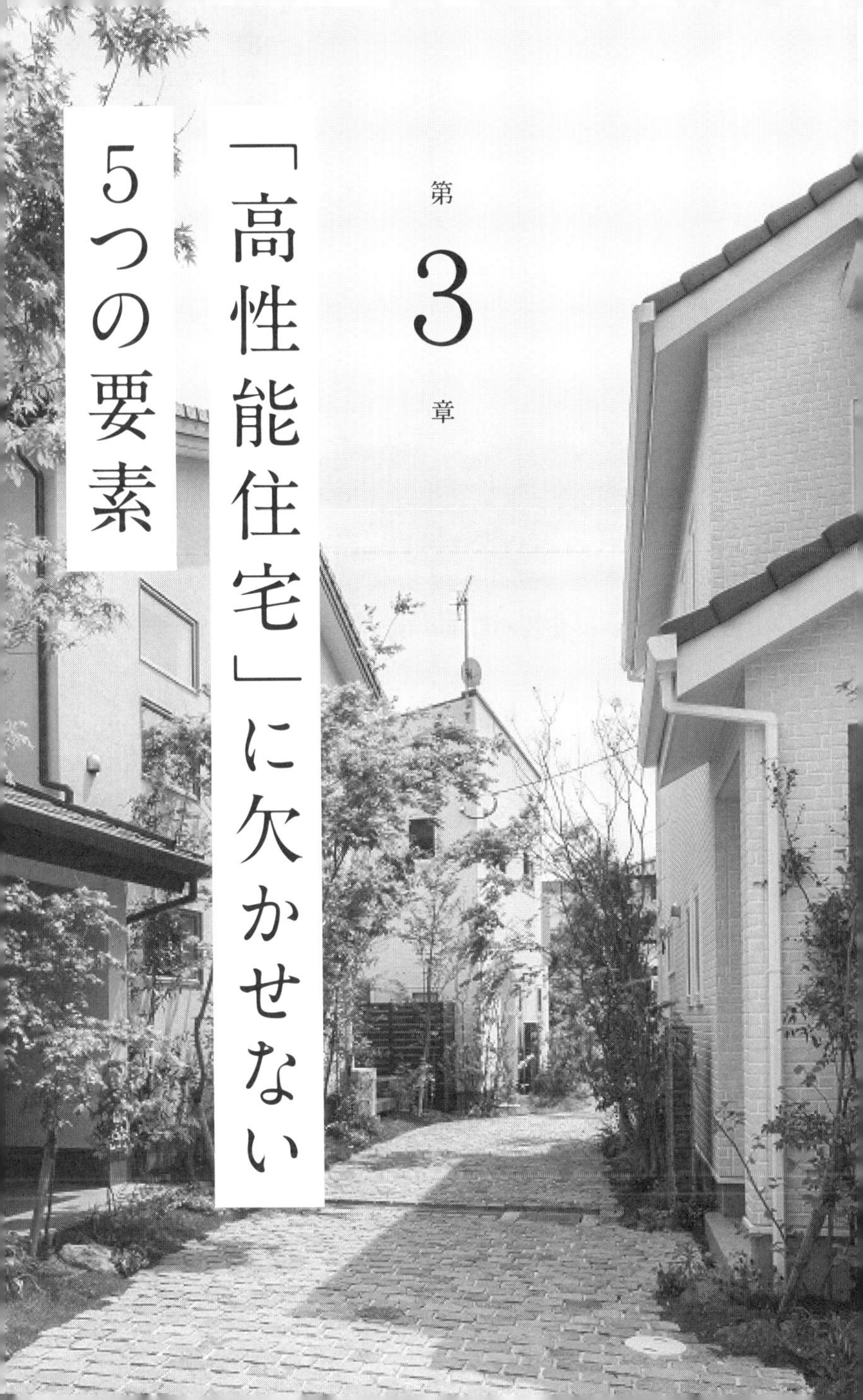

高性能住宅とは　―その定義―

家の心地よさはQ値に比例しない

さて、このあたりでもう一つのテーマに移ることにします。家づくりにおけるもう一つのゆずってはいけない条件「高性能住宅」についてです。

まず「高性能住宅」について、多くの皆さんが誤解している、非常に大切なことをお話しします。

それは「壁・屋根・基礎」の断熱と「窓・玄関・勝手口」の断熱の関係性についてです。少しわかりにくいので、ここでは「壁・屋根・基礎」を『壁』、「窓・玄関・勝手口」を『窓』と表現します。

ひと言でいうと、『壁』の断熱性能だけを高めてもあまり意味がない、ということです。

家の性能を表現する最もポピュラーな数値は「Q値」ですが、この「Q値」は住宅の一部分だけの断熱性能を高めれば計算上の数値は上がります。つまり、たとえばセールス的な見地から「Q値」を高めて商品イメージを高めたければ、『窓』の性能はそのままで『壁』の断熱を手厚くすれば「Q値」は上がりますし、そのほうが安上がりです。しかし、『窓』の性能が同じだったら、『窓』の断熱性能は『壁』の断熱性能よりはるかに低いので、面積の広い『窓』から逃げる、あるいは入ってくる熱の量の割合が増えるだけです。『壁』の性能だけを高めても、家全体の体感温度は、性能の低い部分に引きずられてしまい、実は予想に反して冬は肌寒く、夏は暑いままです。つまり『窓』の性能を高めないかぎり、家は心地よくならないのです。

たとえば弊社の場合、非常に性能のよい窓（第3章の②「高性能断熱サッシ」・137ページをご参照ください）を使用していますが、それでも『窓』の断熱性能は『壁』の2分の1程度です。

正直『窓』の断熱性能を倍にして『窓』と『壁』の性能を同じにできればベストなのですが、残念ながらそれは、ほぼ不可能ですし、やるとしてもその実行には莫大な費用がかかります。

だからといって、『壁』の断熱性能だけをどんなに高めても『窓』の断熱性能が変わらなければ「居心地」に大きな差は出ないのです。

家全体の心地よさは、「Q値」に比例する訳ではないからです。

これは、20年以上、高性能住宅のみに特化してきた貴重な経験値です。

ここで申し上げたいのは、『壁』『窓』の断熱性能は非常に大事ですが、片方だけの性能を極端に高めても、家全体の性能は決して高くはならないということです。

では、住宅の心地よさは何に影響されるのでしょうか?

実は、住宅の心地よさは「気密性能」に大きく影響されるのです。

正直、世の中的には「高気密」のイメージはあまりよくありません。「高気密＝息苦しさ」を連想する方も多く、なぜか日本ではエンドユーザーだけではなく、工務店経営者の中にも「気密性能はほどほどで十分」と考える方が多いようです。

実はかつての私もそうでした。しかし、数年前に「ドイツの高性能住宅（パッシブハウス）の気密性能はＣ値０・２㎠／㎡」という調査報告を聞き、その数値に驚愕し、理由を勉強し、検証し、体感もしました（「Ｃ値」については１３２ページをご参照ください）。

結論は、同じ断熱性能の住宅の場合、気密性能が高いほうが明らかに「居心地」がよい、という現実でした。

最近、その事実をストレートに表現してくれた小さな事件がありました。

以下は、平成30年12月の寒い日の我が社のマリナ通り住宅展示場のアドバイザーから社員間の情報共有ツールへの書き込みです。

「本日マリナ通り住宅展示場にAデザイン専門学校の学生さん15名くらいが5組はどに分かれて、各メーカーをバラバラに見学されていました。

健康住宅にも見学に来られたのですが、最後に来られた組の学生さんは『先に廻った人たちが口を揃えて健康住宅が一番よかったと言っていたので来ました！』とのことでした。時間の都合上、各組4～5社しか廻れない中ですべての組が健康住宅に来てもらったようです。

皆さん、『居心地がめっちゃいい！』『空気がぜんぜん違う！』『なんか落ち着くー』の連発でした！　学生さんの掛け値なしのリアルな声を聞いて健康住宅の凄さにあらためて気付けた一日でした。」

実は、このマリナ通り住宅展示場に出展されている住宅30棟の中で、我が社の展示場が、他社の展示場と圧倒的に違うのはその気密性能です。

この展示場の中で、気密性能が「1・0㎠／㎡」を切っている住宅会社は健康住宅以外ありません。その中にあって、健康住宅の気密性能は「0・2㎠／㎡」という超高気密です。学生さんの感じてくれた「居心地」のよさの理由の一つが、この「気密性能」の高さであることは間違いありません。

第3章では、「高性能住宅」について、その具体的な内容を、①**「外断熱（高断熱・高気密）」**、②**「高性能断熱サッシ」**、③**「壁掛け空調機1台で全館空調」**、④**「自然素材」**、そして、⑤**「耐震等級3」**の5つ述べる予定です。

そもそも、なぜ私たちがそんなに「高性能住宅」にこだわるのでしょうか？

私は昔から、ホントに仕事が大好きです。当然ですが、そんな私でも仕事に疲れ、ヘトヘトになって帰路につく日は決して少なくありません。

しかし、そんなときも、私たちには「帰る家」があります。

家に帰れば、愛すべき家族が笑顔で待っています。可愛いペットが飛び込んでくるかもしれません。

その瞬間、いろいろなことが「リセット」されて「ホッ」とするはずです。

「ホッ」としたいのですから、酷暑の夏であっても、玄関に入ればヒンヤリした空間でなければいけません。

「ホッ」としたいのに、冷たくて暗い寝室では幸せな気持ちにはなれません。

つまり、そういうことなのです。

この「夏はヒンヤリ、冬はポカポカのホッとする空間」を手に入れるために必要なのが

「高性能住宅」つまり、

①屋根・壁・基礎の外側を断熱する

「外断熱（高断熱・高気密）」（ネオマゼウス・気密性能の目標０・２㎠／㎡）」

②窓・玄関・勝手口の断熱性能に目を配る

「トリプルガラス・遮熱Ｌｏｗ－Ｅフィルム・アルゴンガス・完全樹脂サッシ」

③安価な全館空調にこだわる、夏はヒンヤリ、冬はポカポカ

「壁掛け空調機１台で全館空調」

④爽やかな空気の源

「自然素材」

⑤そして、地震に強い……という、根拠のある安心感

「耐震等級３」

この５つです。

では順番にご説明します。

①「外断熱(高断熱・高気密)」

—屋根・壁・基礎の外側を断熱する—

—超高性能断熱材「ネオマゼウス(ZEUS)」を使用する—

—冬の寒風や酷暑の熱気を遮断する「気密レベルC値0・2㎠/㎡」を目指す—

外断熱と内断熱の違いは、断熱材を家(構造体)のどこに置くかの違いです。

断熱材を建物の構造体の内側(隙間)に入れるのが「内断熱」で、外側に家を覆うように貼り付けるのが「外断熱」です。

もちろん、外側に断熱材を貼りさえすればよい、という単純な話ではありません。ですから、わざわざ「高性能断熱材」に『超』の文字をつけました。その意味をぜひ、深読みしていただきたいと思うのです。

木造家屋が腐ってしまうのは、ジメジメとした湿気が家の中に入ってきて、「腐朽菌」が活性化するのが原因です。

なので、日本では材木が腐りやすい高温多湿の夏や梅雨の環境から家を守るために、風通しがよく湿気がこもらない家づくりが重視されてきました。

外断熱の実物大構造模型

有名な吉田兼好の『家のつくりようは夏を主《むね》とすべし……』という一文があります。実はこの一文が、蒸し暑い気候条件の中で、家づくりの金科玉条のように言われ続け、風通しさえしっかり計画すれば家づくりは大丈夫、という半ば「都市伝説」のような常識が日本中に流通してしまいました。

１４００年間も腐らずにあの威容を保っている奈良の法隆寺がよい例という訳なのですが、実はこれ、断熱材というものがまだ世の中に存在しなかった時代の話です。

ですから、法隆寺には当然のことながら断熱材がまったく施工されておらず、一年中非常に風通しがよく、常に乾燥しています。つまり、木造住宅を腐らせる「腐朽菌」とは無縁の建物なのです。

しかし、夏は涼しくて過ごしやすい環境ですが、冬の寒さは半端ではありません。断熱材がまったくないうえに、窓は格子のみで、当然のことながら「気密・断熱ゼロ」な訳ですから、外の気温が「0度」のときは家の中も「ほぼ0度」ですし、冬で風通しがよいとなると、その極寒の体感温度は想像に難くありません。

1400年もの間、腐らずに威容を誇る法隆寺

法隆寺とまではいかないにしても、もともと、断熱材が存在しなかった頃の日本の〝開放型〟の木造住宅は、大きな災害は別にして、火事と白アリにさえ気を付ければ、十分100年以上の寿命がありました。

そこに突然、「断熱材」という近代的な材料が入ってきたとき、「外から冷たい風が入ってこないように隙間を埋めればいいのだろう」「外壁をつくったあと、家の内側から柱と柱の間にやわらかい素材を埋め込めば工事がしやすい」という発想になったのはごく自然なことだったと思います。

そんな流れから、日本の家屋では、家の基本構造である柱と柱の間にフカフカの繊維系の断熱材を埋め込む「内断熱」がごく一般的になっていったのです。

もうおわかりかもしれませんが、日本の近代の住宅は、冬を意識するあまり、夏向きの〝開放型〟の家屋の隙間に、やわらかい繊維系の断熱材（グラスウールやロックウールなど）を詰め込んで断熱してしまったので、風通しが悪くなり、不完全な気密住宅になってしまいました。結果、夏の室内は非常に暑く、冬は逆に、中途半端に気密が高くなってしまったので、家のあちこちに温度差が生じ、窓だけでなく壁の内側にも大量の結露が発生し、繊維系断熱材がその結露（水分）を吸い、腐朽菌が柱を腐らせ、住宅の寿命を短くしてしまったのです。

世界に目を向けたとき、先進国に比べて、日本の住宅の寿命が極端に短い（20～30年）

のは、実はこのあたりが原因です。

では、近代的な気密性の高い住宅の場合、どうすればいいのでしょうか？

理論的には、簡単です。

「壁の内部に結露を発生させないためには、壁の中を含めて家の中に温度差をなくせばいい……つまり家の外側を断熱すれば、理論上は、その内側に温度差はあまり発生しないので、結露も発生しないはず」

つまり、今は「外断熱」という工法が確立されている訳ですから、「外断熱」で建てればよい。

ただ、それだけです。

もちろん、当然のことながら、「断熱材」や、「窓」の性能にもこだわらなければなりませんが、まずは、家の外側を断熱することで手に入るさまざまなメリットを、順を追ってご説明しようと思います。

建物の輻射熱がどちらの方向から蓄えられるかが問題

外断熱は、建物を躯体《くたい》の外側から断熱材ですっぽりと覆ってしまう工法です。もともと、鉄筋コンクリートや石造りの建物の断熱法として欧米で発達しました。それは、建物の構造体の「輻射熱」を利用するという外断熱の特徴にかなっていたからだと思います。

石や鉄筋コンクリートは、大きな熱を吸収して、そこに熱を貯め込みます。そして貯め込んだ熱は、外気温との差が出始めると少しずつ放出されます。これが「輻射熱」です。石焼き芋や韓国料理の石焼きビビンバなどは石の輻射熱を利用したものですし、真夏のアスファルトの、太陽が沈んだあとの暑い照り返しも輻射熱です。

輻射熱は熱いばかりではありません。寒い冬は、これとはまったく逆の現象が起こり、せっかく温まった部屋を冷やし続けます。

つまり本来、夏は熱くて冬は冷たいのが「輻射熱」なのです。

外断熱というのは、これを逆利用して、夏はヒンヤリ、冬はポカポカを実現しています。

それは、こういうことです。

外気にさらされている建物の構造体というのは、まさに自然の熱を吸収し、輻射熱を放出している存在です。その影響を室内で受ければ、夏はさらに暑く、冬はさらに冷たい最悪の家になってしまいます。

ということは、その影響を最小限に抑えれば、夏は涼しく冬は温かく感じる、反対の環境をつくることができるのではないか、という考え方です。

木材は、石やコンクリートはどではありませんが、真夏の太陽が照りつけるウッドデッキを想像すればわかるように、当然ですが熱をしっかり吸収します。

内断熱の木造住宅では、構造材自体が外気温の影響を受けて熱くなったり冷たくなったりする訳ですから、その熱が（エアコンなどで温度調節されている）建物の内側に輻射熱として放出されます。つまり、夏暑く、冬寒いという方向に働いてしまうのです。

とくに真夏の屋根は灼熱の太陽によって触れることもできないくらいに熱せられますが、その貯め込まれた熱エネルギーは夜になって建物の構造体を通して2階の部屋にジリジワと降り注がれます。夜中になって外気温が下がっても2階の室内は依然暑く、眠れない夜を過ごすことになってしまいます。これでは快適な住まいとはいえません。

建物の外側を断熱材でくるむ外断熱のメリット

そこで、建物を基礎コンクリートまで含めて、構造体ごとすっぽり断熱材で覆ってしまおう、というのが外断熱の考え方です。

内断熱では、たとえば冬はせっかく温めた室内の空気と構造体の間に断熱材がある訳ですから、構造体は温かくなりませんし、逆に構造体は外の空気に触れている訳ですから、断熱材の場所によっては、寒い冬には室内がさらに冷やされることになります。

外断熱ではこれがまったく逆で、構造体の外側に断熱材がある（建物自体が断熱材にくるまれている）のですから、冬であっても、構造体の温度は外気温の影響をあまり受けず、逆に室内の温かい温度の影響を受けるのです。

「夏は涼しく、冬は温かい室内の温度」の影響を受けた構造材（材木・基礎コンクリートなど）から出る輻射熱は、夏は涼しく、冬は温かい方向に働きます。

構造体の外側が断熱された住宅では、そこに暮らす人たちが快適に感じる室内の温度を、柱や梁がどんどん蓄えるのです。そしてある程度時間がたてば、室内はもちろん建物の構造体自体が快適な温度に近くなってきます。それは、構造体が建物の外側で断熱されているからにほかなりません。

したがって、エアコンなどで家の中が快適な温度になると、たとえ暖房やエアコンを消しても、室温はそう簡単には厳しい外気温に影響されません。家の構造体に蓄えた「夏は涼しく、冬は温かい温度」が「輻射熱」として、室内に戻されるからです。

快適な室温は構造体から外に逃げることなく、むしろ構造体からの輻射熱によって家の内部の適温を無理なく維持し続け、家が消費するエネルギー量はビックリするくらい少なくなります。当然、非常にランニングコスト（光熱費など）が低い住宅になります。外断熱では家の構造体のすべてが一定の快適温度を維持してくれるので、家の内部の温度差が非常に小さくなるからです。

広いリビングに吹き抜けがあるような家は、真冬になると、壁伝いに冷たい空気が流れ落ちる「コールドドラフト」という現象が起こることがあります。寒いし、足元が冷たくなって冷え性の原因になったりするのですが、外断熱では家の内部の温度差が少ないので、家の中でこの現象が起こりにくく、開放的な吹き抜けにも非常に相性のよい工法です。

家の内部の温度差が少ないことのメリットはこれだけではありません。構造体と室内の空気との温度差が小さいので、住まいの大敵である「壁内結露」が起こりにくいのです。

結露というと、皆さん「窓」を想像すると思いますが、極端な話、窓の結露は拭けばいいのですが、壁の中の結露は拭くことができません。外断熱は、その心配がないので、住まいの目に見えない部分がいつも湿っていて、知らないうちに腐ってくるようなこともありません。

ただし、快適な温度を維持し、家の内部の温度差を小さくして結露をなくすという外断熱の機能は、高い気密性があってこそです。室内の空気が簡単に外に漏れるようでは、快適な室温を家の内部で維持することは不可能です。

実は気密性という意味でも、外断熱工法は非常に優れています。それは、外断熱の構造を思い起こせばすぐに理解できます。外断熱では、建物の構造体の外側に断熱材のパネルを隙間なくはめ込んだあと、断熱材と断熱材の継ぎ目に「気密テープ」を貼って気密を取ります。外断熱工法でいう「気密工事」とは、この気密テープを貼る作業のことです。もちろん、割高であっても純正の気密テープの使用は必須ですが、この外断熱工法特有の「気密工事」のメリットは、なんといっても施工が単純なので非常に気密性能が出やすいということです。もちろん、大工さんの能力に大きく影響される数値ですし、我が社の気密性能の目標「C値＝0・2㎠／㎡」は大変レベルの高い数値ですが、気密性能に関しては、

131ページ以降でもう少し詳しくご説明します。

内断熱では、古くからグラスウールやロックウールなどの繊維系断熱材が主流です。これはコストを抑えるというメリットはありますが、前述したように、冬場の「壁内結露」に大きな問題があります。内断熱の場合、極寒の冬は構造材が直接外気で冷やされ、温かい室内の空気に触れ、壁の内側の断熱材の部分で結露が起こる可能性があり、断熱材自体が湿ってしまいます。

当然のことながら、壁の中に水分が入ってくる可能性は壁内結露だけではありません。台風、豪雨、地震など、想定できない事象が発生する場合もある訳ですから、断熱材自体が水を吸わないことも大切です。

無敵の断熱材「ネオマゼウス（ZEUS）」

もちろん、水を吸わない断熱材を外側に貼りさえすればよい、という単純な話ではありません。先ほど、冒頭で「超高性能断熱材」の「超」の意味を深読みしてほしいと申し上げましたが、外断熱で使うべき断熱材は、「ネオマゼウス（ZEUS）」と呼ばれる樹脂系断熱ボードが間違いなくベストです。

断熱材のさらに外側に、サイディングボードやタイルなどを貼る訳ですから、断熱材は薄ければ薄いほどよい訳です。薄い断熱材で一定の性能を維持するには、断熱材が持つ断熱性能が非常に重要です。この「ネオマゼウス（ZEUS）」は、現在日本で市販されている断熱材の中で最も断熱性能の高い断熱ボードです。「外断熱」ではこの断熱材の性能が要なのです。

旭化成建材のフェノールフォームと呼ばれる樹脂製の素材の裏表にポリエステルの不織布を貼り付けたものですが、これを建物の構造体（屋根・壁・基礎）の外側に隙間なく貼ります。

抜群の断熱性能を誇る「ネオマゼウス（ZEUS）」

では、断熱材が求められる大事な条件とはなんでしょうか?

①断熱性能（熱伝導率）が劣化しない

「ネオマゼウス（ZEUS）」にはもう一つ非常に優れた特徴があります。それは、断熱性能が非常に劣化しにくいということです。

２０１４年、断熱材の長期性能測定方法がＪＩＳ（日本工業規格）で制定され、２０１８年、その測定方法に則った測定結果が発表されました。

実は、発泡プラスチック系の断熱材の中でも、性能がよいとされるウレタンは、製造後の出荷段階に比べて、断熱性能が徐々に低下していきます。

ホームページをひも解くと、「ネオマゼウス（ＺＥＵＳ）」も多少の劣化はするそうなので、あくまでも参考値ですが、わかりやすいように性能を断熱材の厚みで表現すると、計算上、ネオマゼウス50㎜は25年後44㎜に、ウレタンは27・４㎜になってしまうことになります。参考値という表現をつけたのは旭化成のホームページでは、比較がグラフで示され、正確な数値がないためです。

当然ですが、最低でも、住宅の寿命程度はある程度の断熱性能が維持できないといけません。本当は、断熱性能も長期の実力値で検討するべきです。

②燃えない

当然のことながら、断熱材が燃えにくいことも大事なオプションです。

「ネオマゼウス（ＺＥＵＳ）」の主成分である旭化成建材のフェノールフォームという素

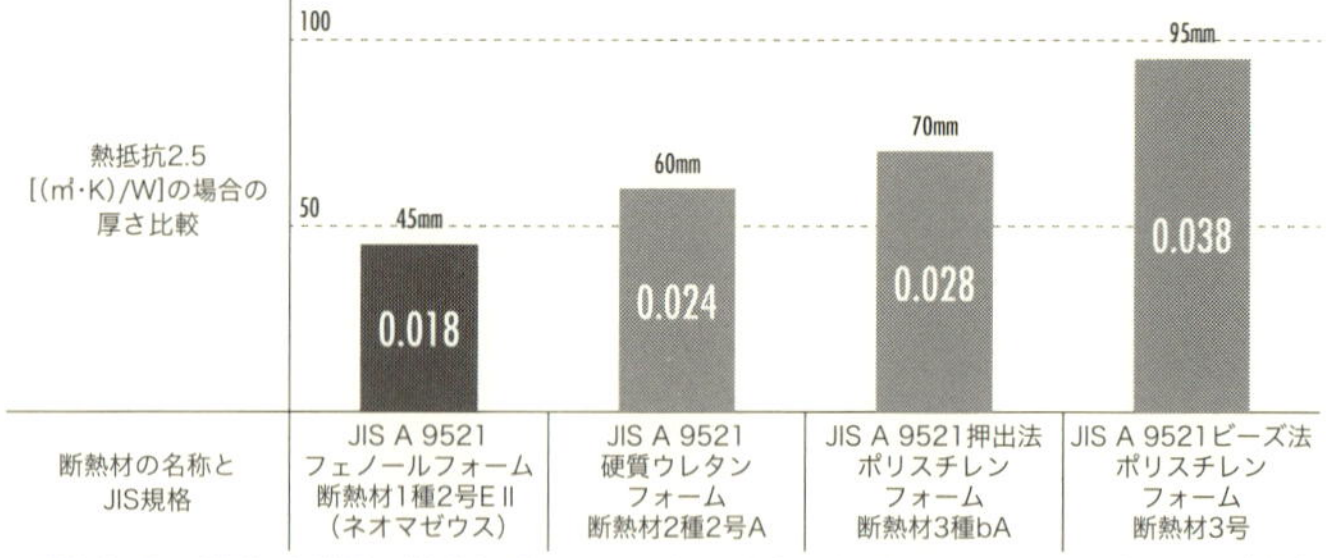

※断熱材の厚さは熱抵抗に各断熱材の熱伝導率を乗じた厚さを記載。 ※棒グラフ内の数値は、各材料の熱伝導率[(㎡·K)/W]を示す。

「ネオマゼウス（ZEUS）」と他の断熱材の厚さ比較

材は国土交通省認定の不燃材料でもあります。

かつて、お隣の韓国の地下鉄火災事故で、列車のシートに使われていたウレタンの燃焼ガスが原因で多くの死傷者が出てしまったとき、断熱材が燃えるかどうか？ 燃えやすいかどうか？ などの議論が日本中を席巻したことがあります。あの事件以来、ウレタンの周りをしっかりと「不燃材」で覆っているか、などの検査が厳しくなったと聞きますが、やはり、断熱材自体が「不燃材」であることの大きな安心感は捨てがたいものがあります。

断熱材は「燃えない」に越したことはないのです。

もちろん、国が定めたＪＩＳ（日本工業規格）規格値に合格しているかどうかや、その生成企業の信頼性に目を配る必要はありますが、断熱材が燃えるかどうかと同時に、私たち施工する工務店や大工さんのモラルこそが実は非常に重要です。

家は大きな買い物です。まずは自分でしっかり勉強することが大切だと思います。

専門的な数字になりますが、「ネオマゼウス（ZEUS）」の熱伝導率は「0・018（㎡・K）／W」です。これは一般的によく使われる硬質ウレタン断熱材の1・3倍から1・4倍の断熱性能があります。

ここまで性能が高ければ、構造体と室内の空気にそれほど大きな温度差は発生しません。化学物質の揮発もほとんどなく、内装仕上げ材として使用したとしても、使用面積にまったく制限のないF☆☆☆☆（フォースター）ランクに格付けされています。

国の基準の25分の1の「気密性能」を実現

建物本体の施工には構造用合板を多用し、高気密な工法を取り入れていますが、さらにその外側を断熱材で覆い、気密テープで密閉してしまうので、気密性はこれ以上ないほど高くなります。高性能住宅にはさまざまなよい点がありますが、そのほとんどがこの高気密性能によって担保されているといっても過言ではありません。

C値（㎠／㎡・隙間相当面積）という気密性能を測る数値があります。C値とは、その家の床面積1㎡当たりに何㎠の隙間があるか、という数値なのですが、実は日本ではこのC値に関する基準が非常にゆるく、九州北部地域の場合、「C値＝5㎠／㎡」以下であれば「高気密住宅」という表現を使っていいことになっています。しかし「C値＝5㎠／㎡」は簡単にいうと、約40坪（132㎡）の住宅に5㎠の穴が132個、つまり少し大きめのバケツサイズの穴から常に家の中に寒風が吹き込んでいることになります。想像する限り、とても気密住宅とは呼べませんし、これでは何も解決しません。

私たちが目指すべき気密レベルの平均値は「C値＝0・2㎠／㎡」です。

この章の冒頭で少し触れましたが、これは、高性能住宅の先進国ドイツの新築住宅「パッシブハウス」の基準と同等のレベルで、「床面積1㎡当たりの隙間が0・2㎠」という意味で、国土交通省の定める「高気密住宅」のレベルの実に25分の1です。

先ほどと同じ約40坪（132㎡）の住宅であれば、家に1辺5㎝の正方形が1個空いている程度です。非常にハイレベルな数値ですが、20年以上、高性能住宅にのみ特化してきた経験値として、「C値＝0・2㎠／㎡」は「光熱費削減」だけではなく、その「居心地のよさ」に大きく貢献する事実を知ってしまった以上、このハイレベルな目標は外す訳にはいかないのです。

では、なぜ日本では、住宅の「光熱費削減」や「居心地のよさ」の向上に大きく寄与するにもかかわらず、気密性能C値が重視されないのでしょうか？

「C値＝5㎠／㎡」はあまりにも低レベルです。逆に2009年には、義務化どころか、このC値の規定が省エネ基準から削除されてしまいました。

削除された理由は定かではありませんが、C値が事前の計算では出せない数値だからではないかといわれています。この数値に限っては、工事途中の測定もあまり意味はなく、建物の完成後に機械を使用して計測しなければなりません。

つまり、役所の担当者は図面では確認できないし、竣工検査をしても気密がきちんと取れているのか、いないのかの証明は、現場を1日ストップして機械を持ち込み、数時間かけて気密測定検査をするしかないのです。

あくまでも想像ですが、もしかしたら、そんな手間を役所の偉い人が避けてしまった……あるいは避けざるを得なかったのかもしれません。しかし、その結果、住む人の「住み心地」を後回しにしてしまった訳です。

日本の「省エネ基準」は、世界の住宅先進国と比べると、かなり低い基準で、世界から20年遅れているといわれていますが、遅れているのは「技術」ではなく、実はその「考え方」や「価値観」なのかもしれません。


もちろん「竣工後の気密測定検査」は、我々施工する工務店にとっても、非常に大きなリスクがあります。なぜなら「気密レベル」は、その家を建てる大工さんの腕に大きく左右されますし、竣工したあと、万が一、約束の気密が取れていなかったとしたら、外壁と屋根をすべて取り払ってしまわないと気密工事をやり直すことができないからです。なので、高性能住宅をアピールする工務店であっても、その多くは気密測定は工事の途中に行い、「竣工後の気密測定」は行わないところがほとんどです。

『断熱性能』はともかく、『気密性能』なんて、些細な枝葉のように思えるかもしれません。しかし実際に住み比べてみると、「壁」「屋根」「基礎」「窓」「玄関」「勝手口」の『断熱』、そして『気密』いかんで、その心地よさに雲泥の差が出ることがわかります。

しかもそれはのちのち、住宅の寿命にも深く関わってきます。

いまや「断熱」と「気密」ほど、家の役割（性能）を大きく左右するものはありません。人にとっても家にとっても、長生きするためには、「超・高断熱」と「超・高気密」がもたらす居心地のよい環境はゆずってはいけない条件です。

これも、今まで20年間、「高性能住宅」の建築にだけ従事してきた大切な『経験値』の一つです。

「木」と生きる

外断熱は、断熱材の内側の『木』の心地よさが最大限、享受できます。木造住宅は構造体の多くが『木』でできており、外断熱工法の場合、その『木』のほとんどが室内の空気に触れることになり、空気の質が非常に高まるからです。

最近の内断熱工法は「内部発砲」といって、発泡系のウレタンを部屋の内側から機械で噴き付ける工法が主流で、この方法では、「木・材木」を断熱材で閉じ込めてしまうので、「木」の能力が利用できません。逆に「発砲ウレタン」が室内の空気に触れ、素材によっては、有機溶剤独特の臭いに悩まされることも決して少なくありません。

高性能住宅で長生きできる

現在、日本には約5000万戸の住宅のストックがあります。

そのうち、国が定めた省エネルギー基準に適合している住宅は、わずか5％です。その中で、本書でいう「高性能住宅」という表現をしてよいレベルの住宅は、さらにその5分の1にも満たないといわれています。

巻頭カラーの2ページ目をご覧ください。

これは、慶應義塾大学理工学部システムデザイン工学科主任教授の伊香賀俊治氏の2018年の講演時にいただいた資料の一部です。「断熱気密性能の低い住宅」から「断熱気密性能の高い住宅」に転居した1万人の転居前と転居後の「有病者割合」のデータです（許可をいただき転載させていただきました）。

まずは、何年もかけて地道な調査を繰り返し、莫大なエネルギーを費やしたであろう伊香賀先生の研究に心より敬意を表します。

結露の減少でカビやダニの発生が減った・冬の居室内が常時暖かくなった・室内空気質

が改善された・新築住宅への転居による心理面での影響などの複合効果と考えられるのだそうですが、「性能の低い住宅」で暮らしていたご家族が「性能の高い住宅」に引っ越してわずか1年間で、アレルギー・高血圧・関節炎・脳血管疾患その他、すべての病症が改善しています。これは驚くべき研究結果であると思います。

とともに、私たちの、世の中に高性能住宅を普及させるという選択は間違っていない。これは、私たちに課せられた大事なミッションなんだ。そんなことを感じさせていただいた貴重な経験（講演の聴講）でした。

②「高性能断熱サッシ」
―トリプルガラス・遮熱Ｌｏｗ-Ｅフィルム・アルゴンガス・完全樹脂サッシ―

この章の最初で少しお話ししましたが、「壁」の断熱性能がどんなに高くても、「窓」の性能が低ければ、室内の快適な温度が「窓」からどんどん外に逃げてしまいます。「窓」自体に断熱材を施すことはできないからです。

国土交通省の省エネ基準の試算によると、一般的な日本の住宅では、冬の暖房時の熱は48％が「窓」から逃げていき、それが夏の冷房時にはなんと71％にもなります。つまり「窓」の性能は住まいの心地よさの最大の要素の一つなのです。

かつて、真冬はどんなに部屋を温かくしても、「窓ガラス」や「窓枠」に触れれば冷たいのが当たり前でしたが、最近は窓ガラスをペアにしたり、窓枠のアルミサッシの内側に樹脂を貼り付けたりするのが当たり前なので、過去に比べると断熱性能は向上しています。

しかし、せっかく新築住宅を建てたのに、ペアガラスのはずなのに、相変わらず真冬に結露に見舞われたり、真夏に冷房を切ったとたんに部屋中がむっと暑くなってしまうという相談が多いのはなぜでしょうか？

もちろん、それには理由があります。

トリプルサッシで格段に温熱効果が高まる

「窓」の性能を高めるには、「窓ガラス」と「窓枠」の両方の性能を高めなければなりません。

まずは「窓ガラス」の性能の話です。

冬は、結露を防がないといけません。

なぜなら、結露が発生するのは、外の冷たい空気が窓ガラスや窓枠を伝わって入ってきた結果、窓の表面に温度差が生じて結露が発生している訳ですから、結露が生じないということは、とりもなおさず、窓がしっかりと断熱されているということで、つまり「冬はポカポカ」が望めるということだからです。

また夏は、紫外線や赤外線を遮断しないといけません。

冷房を切ったとたんに室内がむっと暑くなってしまうのは、窓から差し込んでくる直射日光（紫外線や赤外線）が床や窓台を熱し、その熱が照り返し、室内を暖房しているような状態になってしまうからです。この、室内に入り込んでくる直射日光（紫外線や赤外線）を遮ることができなければ、「夏はヒンヤリ」の環境は手に入りません。

結露の発生にしろ、直射日光の熱にしろ、それらの原因の多くは、住宅の「窓ガラスの性能が低すぎる」ことに起因すると考えるのが妥当です。

窓ガラスの性能を高めるにはガラスの枚数を増やして人工的に「空気層」を増やすしかありません。その空気層が多ければ多いほど性能は高まります。ペア（2枚）ガラスの空気層は1つですが、トリプル（3枚）ガラスの空気層は2つです。もちろん、その空気層を厚くしたり、空気層に「特殊な気体（アルゴンガス）」を充填《じゅうてん》したり、ガラスの表面に「特殊な膜」を貼ったりすればその温熱効果は格段に高まります。

だから「トリプルサッシ」が必要なのです。

肝心なのは空気層の厚み

私はメーカーの回し者ではありませんが、ぜひ推奨したいのは「トリプルシャノンⅡX」という商品です。

夏の日差しを遮るには窓からの紫外線や赤外線を遮断しなければなりませんが、そこで威力を発揮するのが「遮熱Ｌｏｗ－Ｅ《ローイー》金属膜ガラス」、いわゆる「Ｌｏｗ－Ｅガラス」(注1)です。この「トリプルシャノンⅡX」は3枚のガラスのうち、外側の2枚がこの「Ｌｏｗ－Ｅガラス」です。さらに3枚のガラスの間にそれぞれ15㎜の空気層があり、そこに断熱性の高いアルゴンガス(注2)が充填されています。

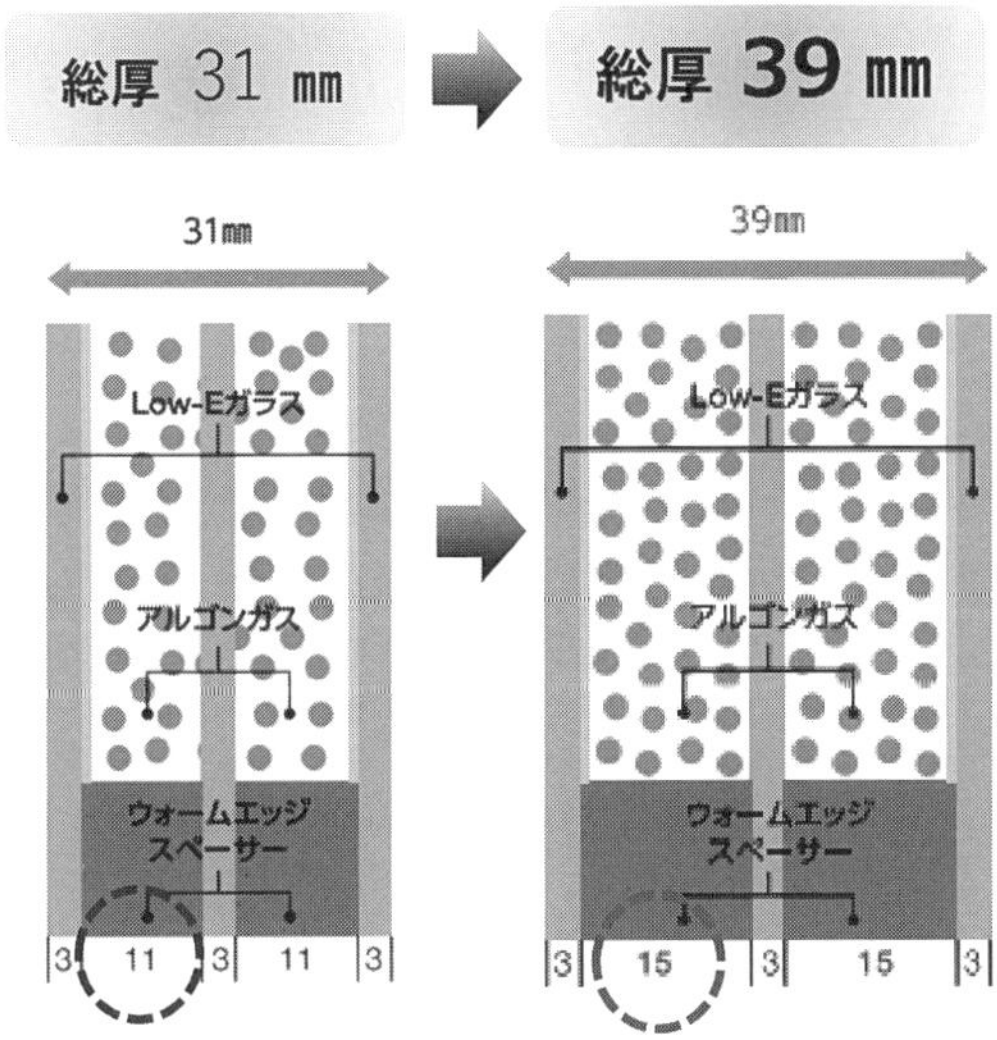

肝心なのは空気層の厚み

つまり、この「トリプルシャノンⅡX」という商品は「3㎜のLow-Eガラス・15㎜の空気層（アルゴンガス）・3㎜のガラス・15㎜の空気層（アルゴンガス）・3㎜のLow-Eガラス」で構成されています。なんとその厚みは、全体で39㎜にもなります。

一般的なペアガラスは2枚の板ガラス（3㎜）の間の空気層が6～12㎜です。トリプルガラスも、10㎜程度の空気層が普通ですから、断熱性能に大きな差が出るのは当たり前です。

（注1）Low-Eガラス……Low Emissivity（ロー・エミシビティー）の略で、「低放射」という意味です。特殊金属膜（酸化亜鉛と銀）をコーティングしたガラスのことで、熱線（赤外線や紫外線）が室内に侵入するのを防ぎます。

（注2）アルゴンガス……広く白熱灯などにも使われているもので、空気中にも約1％含まれる透明な不

燃性ガスです。現在の技術では抜け出る可能性はほぼありません。空気よりも熱伝導率が低いため熱を伝えにくく、空気よりも重いので、空気層の中で対流を抑えて断熱効果を高めます。

劣化しにくく、耐久性が高い窓枠「完全樹脂サッシ」

次は「窓枠」です。

日本の住宅の窓は、アルミニウムで窓枠がつくられている「アルミサッシ」、あるいはアルミニウムの内側に樹脂を貼り付けた「複合サッシ」が一般的です。これは世界的に見ても先進国では唯一で、その理由は日本のサッシメーカーの多くが軽金属大手から発足し、高度経済成長の時代に驚くほど寡占化が進んでしまったからだといわれています。

確かに、アルミニウムは軽くて強く、加工もしやすいし、安価な材料費も大きな利点です。しかし、利点であるのは、実はその多くがつくる側にとってです。

軽くて強いアルミは施工には便利ですが、熱の伝導率が非常に高い金属です。30㎝ほどのアルミの棒を持って端を火であぶれば、一瞬で熱くなって持てなくなります。それが窓の外枠として、外気にじかに接しているのがアルミサッシです。暖房時も冷房時も、室内で調整した温度は、窓枠を通して外に漏れ出てしまいます。

真冬の雪が降るような寒い日に室内を温めると、サッシがビッショリと濡れていて驚くことがあります。サッシの部分が外気温の影響をもろに受けて冷たくなって、室内の空気が急激に冷やされて結露するからです。サッシが冷たくなるということは、室内の温かさが外に逃げているということです。

私たちは創業時の平成10年より、一貫して「窓枠の内側も外側も樹脂（完全樹脂）」にこだわってきました。

当時、福岡では「完全樹脂サッシ」が標準の住宅会社はほぼ皆無でしたので、「樹脂は太陽の光に弱く数年でザラザラになる」「紫外線に焼かれ、ひび割れがする」などの中傷をかなり受けましたが、創業から20年以上が経過した今、それらはすべて杞憂《きゆう》、いわゆる無用の不安であったことが経験則としてわかります。

正しく施工されていれば、耐久性にまったく不安はありませんし、実は逆に、アルミサッシ

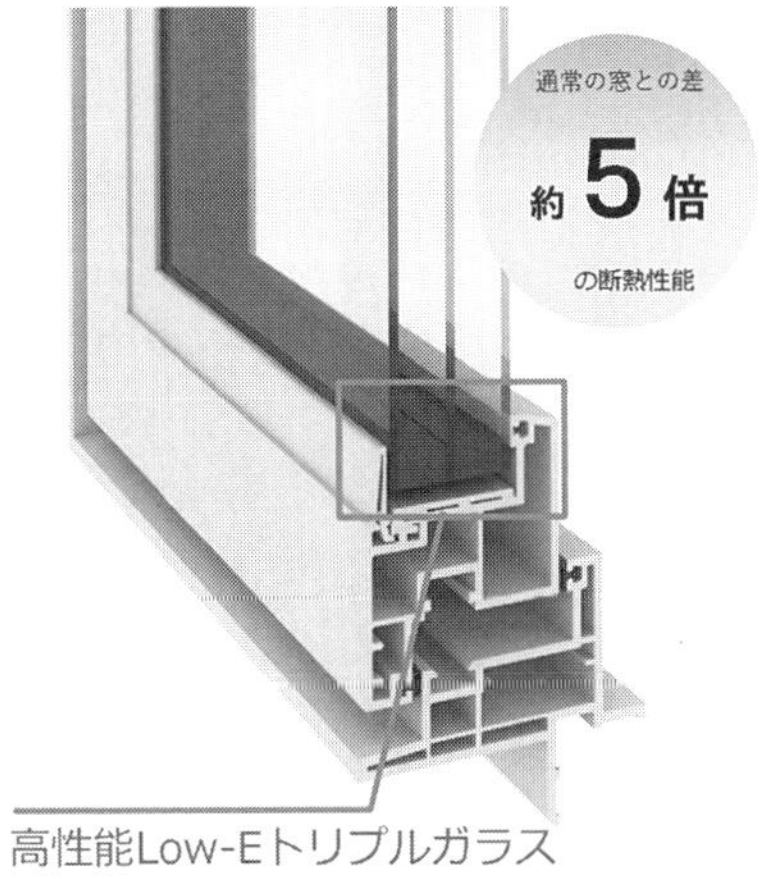

劣化しにくく、耐久性が高い窓枠「安全樹脂サッシ」

はアルミの表面を着色しているので、塗膜が剥げることがありますが、樹脂サッシはアクリル層自体に色がついているためそれもありません。

むしろ、気候によっては、塩害の被害を受けにくい樹脂サッシのほうが、劣化しにくく、耐久性が高い素材ともいえるのです。

「遮熱シート」と「棟換気」で夏のヒンヤリを手に入れる

日本で発展してきた内断熱の住宅は、とくに真夏の暑さに対しては非常に厳しい環境にあります。屋根が熱せられて、その熱が直接構造体を熱くし、夜間に室内を温め続けてしまうからです。

外断熱では、構造体の外側に断熱材があるので、それが太陽の熱を遮断してくれます。しかし、それでも熱帯のような日本の夏の太陽は容赦ありません。強烈な太陽の熱は日中、ジワジワと断熱材に侵入し、夕方には断熱材の内側の構造体に到達してしまう可能性は決して否定できません。屋根の外側に断熱材を貼るだけでは、真夏の灼熱を完全にシャットアウトできないのです。これをなんとかしなければとても高性能住宅とはいえません。

私たちは平成16年の夏、屋根瓦の下に実験的に「遮熱シート」を敷いて施工してみました。これが、当時驚くほど効果を上げ、瓦の熱を完全にシャットアウトする訳ではありませんが、体感的にはそれまでの断熱材だけの施工に比べて、驚くほど〝暑くならない〟のです。当然、即座に採用を決めました。

また、「棟換気」と呼ばれるシステムも採り入れました。屋根瓦の下にある「断熱材」と「遮熱シート」の間に空間をつくり、そこを空気の自然な通り道にしました。

空気自体に断熱性があるので、屋根瓦と断熱材の間に空気層があれば、断熱性能はそれだけで上がります。その空気が屋根勾配に沿って上方に流れるように設計されていますので、太陽光で瓦が熱せられ、次にその真下の空気が熱せられても、その空気が空に自然放出されるので、断熱材が熱せられる程度は非常に小さくなります。

さらに、現在の屋根断熱材は平成16年当時、日本最高レベルであった「ネオマフォーム」より約10％断熱性能の高い「ネオマゼウス（ZEUS）」が標準で、その厚みも40㎜から45㎜に改善されています。これらはすべて、夏の心地よさの追求の結果です。

イメージ的にはほぼ万全に近い屋根の断熱システムだと思います。

③「壁掛け空調機1台で全館空調」
―大風量空調・熱交換換気システム―

この項のこだわりは、簡単にいうと、15〜20畳用（4〜5kW）のリビングルーム用の空調機1台で30〜40坪程度の家全体の冷暖房を賄うというものです。

相当難易度の高い話に聞こえると思いますが、実は今まで、第3章の①と②で説明してきたレベルの温熱環境の住宅であれば、計算上はもうひと回り小型の10〜15畳用（3〜4kW）の空調機1台でも全館空調ができるはずなのです。

皆さん、「えっ！　どういうこと？」とお感じだと思いますが、これは私が言ったことではなくて、現在、日本の温熱環境の理論と実践の実質的なトップである、東京大学の坂本雄三名誉教授のご発言です。

坂本先生は10年以上前からこのことに気づいておられました。

しかし、

「計算上は、10～15畳用（3～4kW）の空調機1台で全館空調ができる」といわれても、建物のリビングに空調機を1台取り付けただけでは、2階の廊下や寝室はまったく温かくなりません。皆さん、2階の寝室や子ども部屋などにも小さめの空調機を備えるのが普通です。

「計算上」は成り立つのになぜなのでしょうか？

暖房時と冷房時の違いを厳密にいいだすと難解になってきますので、そこは割愛して、ここでは冬を例にご説明します。

ひと言でいうと、「リビングで温められた空気は、2階の寝室に届く前に、壁や階段、窓、家具、手すりなどに次々と触れて冷えてしまう」からです。

では、どうすればよいのか？

答えは「温かい空気が冷える前に、2階の寝室に届ければよい」ということです。「なあ～んだ」とお感じになるかもしれませんが、決して「なあ～んだ」レベルの話ではありません。

坂本先生はその方法（システム）を、日本の住宅の省エネルギー化促進のため、ひいては日本の省エネルギー化促進のため、世の中に普及しようとしています。

私は坂本先生から数年前にそのお話をうかがい、大いに共感し、坂本先生の主催する研究会に参加して勉強を始めました。そしてそのシステムで住宅を建築し、その効果に驚き、今では我が社の標準仕様に加えています。

もちろん、簡単にはいきませんでした。どうやって2階の寝室や子ども部屋、廊下、洗面、浴室、トイレなど、住宅の隅々にまで温かい空気を温かいまま送るのか？　その動力は何を使うのか？　いったい費用はいくら必要なのか？

坂本先生やいろいろなメーカーの方との試行錯誤が続きましたが、ようやく今の形に帰着いたしました。

壁掛け空調機「1台」のメリット

なぜ壁掛け空調機「1台」にこだわるのでしょうか？

理由は3つあります。

①10年後、あるいは15年後に必要になる費用の安さ

一般的な全館空調の場合、屋根裏などに大型の空調機が埋め込まれていて、その大型の空調機に寿命がきた場合、その取り換えに通常200万〜300万円の費用がかかります。それが、壁掛け空調機1台の入れ替えだけでよい訳ですから、多分、その10分の1以下の費用で賄えます。

②イニシャルコスト(初期費用)の安さ

我々施工する側にしっかりとした知識があれば、初期費用は市販されている空調機1台と、1坪弱の空調室および各居室などへ空気を送るダクトやファンのみです。俗にいう「セントラル冷暖房」に比べれば驚くほど安価な費用で済みます。

③ランニングコストの安さ

常時動かすのは空調機1台とファンだけですから、当然のことながら、一般的な全館空調システムに比べて、月々の電気代は非常に低くなります。

この「壁掛け空調機1台で全館空調」は、心地よさ、省エネ性、体に対する優しさ、それらすべてについて驚くほど画期的なシステムです(巻頭カラー2・3ページ参照)。

もちろん、その家が高性能住宅であるからこそ享受できるシステムですし、その間取りや施工には熟練された技術が必要ですが、「どこにでもある空調機1台とファンとダクトを組み合わせるだけで全館空調が実現できる」。この坂本先生の提案は大きな社会貢献の一つだと思います。

V2Hシステムってご存知ですか?

これだけ燃費がよい住宅は、現在、東芝やニチコンなどで開発中の「太陽光発電」と「電気自動車」を組み合わせて、災害時などにも一定の期間、電気エネルギーが枯渇しないV2Hシステムとの相性も抜群です。

「クルマは移動するときにだけ使うもの」。そんな常識が、今後、V2Hシステムで変わる可能性があります。

「V2H」とは「Vehicle to Home」の略で、停電や震災などで電力供給が寸断されても、車の駆動用バッテリーから電力を取り出して、家の電力に使う仕組みのことです。

ここではとてもスペースが足りず、説明は割愛いたしますが、災害大国日本では今、ものすごい勢いで「V2H」システムの開発が進んでいます。

電気自動車をお持ちでない方も、今後、玄関先に電気自動車の充電コンセントの設置は必須になるはずです。

④「自然素材」

―「モイス」「セントラル浄水器」「抗酸化リキッド」―

珪砂を使った合板「モイス」は自然に優しい優れもの

私たちがご提供する家の基本的な工法は、昔からある日本の在来軸組工法です。柱と梁で組み立てる、日本家屋ではおなじみの建て方です。

欧米からやってきた壁（面）で組み立てるツーバイフォー工法も最近は増えてきて、在来工法とどちらがいいか、新築を計画しているお客様が一度は検討するところではないかと思います。

もちろん、どちらにもよい面があります。間取りの自由度という部分では明らかに在来軸組工法が有利です。しかし、建物の強度という点では、確実にツーバイフォーに軍配が上がります。柱と梁という線で組み立てるよりも、面（壁）で建てるほうが歪みに対する強度が強いからです。

在来軸組工法では筋交《すじか》い（柱と梁でつくられる四角形を斜めに支える部材）で補強しますが、工法上の強度の不安はぬぐえません。そこで、その不安解消のため、在来工法で建てた躯体の外側に構造用合板を貼り付ける工法を採用しました。軸組構造の外側を合板（面）で支えることにより、在来工法でありながら強度はツーバイフォーレベル、あるいはそれ以上に高まります。

「耐震」については次の⑤「耐震等級3」の部分でご説明します。

自然素材という部分で、ここで大切なのはこの構造用合板の素材です。我が社では高い構造耐力（壁倍率2・7倍など）とともに、ホルムアルデヒドなどの有害なVOCを吸着してくれる作用を持つ「モイス」という構造用合板を使用しています。原材料は花崗岩などが風化した珪砂ですので、なんらかの理由で解体された場合でも、いずれ分解されて土に還ります。

「セントラル浄水器」も標準装備

水は、生命にとって非常に重要なものです。水のないところに生命は誕生しません。人間の体は新生児は75%、大人でも60%以上が水でできています。

人間にとって水は生命の源です。

快適で健康的な暮らしは、安全でおいしい水なしには望めません。住まいは私たちの健康を支えるものですから、そこで供給される水もその要素の一つです。飲料や料理に使うほかにも入浴、洗髪、歯磨き、トイレなど、家のさまざまな場面で当たり前のように水が使われています。

しかし、水道水には殺菌のための塩素やトリハロメタンなど、できれば体に入れたくない物質が含まれています。最近は、そのことが周知の事実となり、家を新築するお客様の多くがさまざまなタイプの浄水器を設置されます。

その浄水器の多くはキッチンに設置される場合がほとんどですが、塩素などの有害な物質が体に入ってくるのは、実は飲用時ばかりではありません。入浴、洗髪、歯磨き、あるいはウォシュレット使用時などにも、体の粘膜から体内に侵入します。なので、本当に体のことを考えれば、家中の水道水を浄水しなければあまり意味はないのです。

だから「セントラル浄水器」なのです。生活における「水」の重要性に注目し、安全でおいしい健康的な水が家中どこでも利用できるように、外から家に入ってくるおおもとの水道管に浄水器を設置し、家で使われる水をすべて浄水する方法です。

すべての蛇口からおいしい水が飲める、お風呂のお湯が軟らかいなどの感想も多く、大変好評です。

「抗酸化リキッド」でアンチエイジング

体を汚染するのは「水道水」だけではありません。勤勉な日本人であっても、睡眠時間や休日を含めれば60％以上の時間は在宅しているといわれています。つまり、私たちは人生の半分以上は自宅の空気を吸って生きているのです。

であれば当然「水道水」と同様、「空気」の質も重要です。

「シックハウス症候群」という言葉を聞いたことがあると思います。日本には、家に住む人の健康を守る制度や法律は、平成14～15年頃までほとんど存在しませんでした。その無防備であった長い年月の間に、住宅建材に含まれる化学物質などが、日本人の健康を大きく棄損してしまいました。経済だけが優先されてしまったその数十年の間に、大手住宅メーカーや、建材製造大手は驚くほど力をつけ、大きな政治力を持つに至り、実は現在も、住宅建材にどのような化学薬品が含まれているのか、明確な表示ルールは存在しませんし、罰則規定もありません。

なので、真に住宅内の安全な空気を手に入れるには、ざっと思いつくだけでも「低ホルマリン建材やホルマリンを含んでいない材料を使用する」「壁紙の接着剤や下地材の商材を指定する」「トルエン、キシレンなどを含まない天然系塗料を使用する」「床下の木材保存剤、シロアリ駆除剤は使用しない」「土台部には腐朽やシロアリに強い木材、ヒバ類、ヒノキ類を使用する」など、注意すべきことは山ほどあります。

もちろん、それら多くのことに気を付けながら施工することは、私たち住宅会社の大事なモラルではありますが、それだけでは今までと何も変わりません。

おまけに、実は住宅内の空気を汚染するのは、質の悪い建材だけではありません。家具屋さんで購入した家具、カーテン、あるいはネットで購入したさまざまな備品などもその多くがいろいろな化学物質に汚染されています。

前置きが長くなりましたが、それらの多くを解決してくれるのが「抗酸化リキッド」です。愛知県で開かれた「愛・地球博」の日本館で採用されました。

「抗酸化リキッド」は、珊瑚の化石が主成分で、いわゆる「免疫住宅」や「活性酸素除去」などの元になる「抗酸化物質」です。

その効用は多岐にわたり、「防カビ」「防腐」「消臭」「マイナスイオン環境の促進」「アトピー改善」「遠赤外線効果」などに加え、「ホルマリンなどの揮発性化学物質の分解除去・発生防止」つまり、室内空気の汚染物質を分解する効果があるのです。

建物完成後、住宅内部（壁、床、天井、収納内部、カーテン、クロス、塗り壁、その他）にくまなく「抗酸化リキッド」を噴霧すれば効果は絶大です。その効能は半永久的に持続することが実験で証明されています。

室内の汚染物質を半永久的に分解し続けてくれるという安心感とともに、お客様満足、心地よさの追求、何をとってもマイナス要素はありません。

「酸化」とは、物が錆びたり、腐ったりすることをいいます。

実は人間の体の老化も「酸化」の一種です。ですから、「抗酸化」とは「酸化に抗う」、つまり、錆びたり腐ったり、あるいは老化するスピードを遅らせるという意味で、少なからず、私たちの「アンチエイジング」にも寄与してくれるはずです。

「抗酸化リキッド」の噴霧時に立ち会うことも可能で、当然のことながらマスクなどはまったく必要ありません。

室内が、一瞬で、思わず深呼吸したくなるような爽やかな環境に変わります。

⑤「耐震等級3」

―耐震等級3は本当に必要なのか―

まず最初に事実をお伝えします。

耐震等級という言葉を聞いたことがあると思います。日本では「耐震等級1」をクリアすれば、住宅を建てることができます。

「耐震等級1」とは、大きな地震に襲われても倒壊しないレベル……つまり、命は守ってくれるレベルの強度がある住宅のことです。しかし、命は守ってくれますが、地震の規模によっては、住めなくなる場合がほとんどです。

２０１６年4月、震度７の地震が2度、立て続けに熊本を襲いました。最も被害が大きく、５２７棟もの住宅が全倒壊してしまった益城町には「耐震等級３」の住宅が16棟建っていました。そのうち2棟が軽微な被害を受け、14棟は無被害でした。被害を受けた2棟は簡単な手直しが必要でしたが、16棟すべてに、今もご家族がお住まいになっています。

「耐震等級１」と「耐震等級３」の違いは「命は守るけど、もう住めない住宅」と「命も財産も守り、住み続けることができる住宅」の違いです。

「耐震等級３」は必要ないとおっしゃる建築士さんや住宅会社の方はよく「耐震等級３はコストアップになる……耐震等級3にしてほしいと言われたことがない……お客様はそこまで求めていない」とおっしゃいます。しかしこれは、車を買うとき「エアバックをつけるとコストアップになる……エアバックをつけてほしいと言われたことがない……お客様はそこまで求めていない」と言っているのと同じです。

熊本県益城町の皆さんも、まさか自分たちが大地震の被害者になるとは誰も予想していなかったと思います。

少し大げさですが、私たちは、命を守る家を建てる仕事をしたい……心よりそう思います。

大地震の可能性がどこにでもある日本では、耐震等級に気を配るだけではなく、勉強すればするほど、なんらかの耐震補強を付加したいと考えるのが普通です。莫大な費用のかかる「免震装置」は難しいかもしれませんが、地震の揺れを和らげる、なんらかの「制震装置」も備え付けたいものです。

弊社では、現在日本で最も実績のある、住友ゴム工業の「MIRAIE」という商品を推奨しています。先の熊本地震で大きな被害を受けた熊本城の耐震補強に採用されています。

「ハウス・オブ・ザ・イヤー」8年連続受賞

お客様に感謝、社員の皆さんに感謝

ここまで駆け足で述べてきたような『家』を、私たちはお客様にご提供しています。その愛称は「あんみん」です。読んで字のごとく「安らかに眠れる家」という意味です。我が社で実践しているオリジナルの外断熱工法も「あんみん工法」と名付けています。

会社を設立して3年目、2001年春のことです。私たちが開発し、改良を重ねてきた「あんみん工法」は、一般財団法人建築環境・省エネルギー機構から「次世代省エネルギー基準適合住宅」であるという評定を受けました。これは国土交通省が定めた厳しい基準をクリアした高性能住宅だけに与えられる認定です。良質な断熱性能を持ち、エネルギー消費を軽減できる、21世紀の環境に適した省エネ住宅であるという意味です。この評定に合格した九州の企業は、我が社が3社目でした。

小さい会社だからこそ、よいことはすぐに実践することができます。

「あんみん工法」もスタート以来、お客様の貴重な声と経験を積極的に採り入れ、臨機応変に小さな改革を繰り返し、2007年には、さらに厳しい基準である「型式認定工法」をもクリアしました。

これらが2011年の「ハウス・オブ・ザ・イヤー」の初受賞につながった訳です。

我が社は2011年から2019年まで、8年連続（2012年は東日本大震災の影響により非開催）で「ハウス・オブ・ザ・イヤー」の受賞を続け、2017年には300を超える応募の中から「大賞」に選出されました。九州では3社目、福岡県では初の栄誉です。

これも「いいお客様」に出会えたからであり、我が社の「いい社員」がいたからです。お客様に、そして社員の皆さんに、心より感謝しています。

「高性能な外断熱」の家は、居心地がよく、長持ちします。なぜそうなるのか、その理由もきわめて理に適っています。ここまで読んでいただいた読者の皆さんは納得された方も多いのではないかと思います。

もちろん、内断熱工法でも高性能住宅は可能です。しかし、内断熱工法で外断熱工法レベルの性能の家を建てようとすると、外断熱工法以上のコストがかかってしまいます。

ローコストの外断熱工法も存在しますが、この本にあるレベルの性能を備えた外断熱はそれなりに高額です。しかし、それは何十年も暮らし続ける生活の中でエネルギーコストやメンテナンスコストが節約できること、さらに高いレベルの居住性という、単純にお金に換算できない価値を度外視して、ただ家を建てるときのイニシャルコストだけで比べて「(高性能な)外断熱は高い」と言っているにすぎません。

もちろん家を建てるための予算は誰にもある訳ですが、その予算の中で家のどこにお金をかけるべきか、ゆずってはいけない部分はどこなのかを考慮すべきだと思うのです。決して、最初から未来の価値を逃してしまってはいけないと思います。その点で、私は「高性能な外断熱」が「ゆずってはいけない条件」だと申し上げているのです。

もちろん家は、ただの道具のようにモノとして購入される訳ではありません。その家で、大切なご家族が何十年と幸せに暮らす……思い出の詰まったお家を取り壊し、あるいは土地を慎重に選定し、住宅会社や工務店を選び、住宅ローンを勉強し、間取りに悩んで建築するのです。手に入れるのは、ご家族の大切な未来の時間にほかなりません。そのようなお客様の未来の時間をイメージして、真剣に家をつくらせていただく……そんな「思い」

がないと、決して「いい家」にならないと思います。

我が社では、家づくりが完了し、引き渡しも無事に終わり、お客様がそこで暮らし始めた〝そのとき〟から、お客様との本当のお付き合いが始まると考え、さまざまな取り組みやイベントを継続しています。

お客様が、いろいろな思いで手に入れた「素晴らしい暮らし」にいつも寄り添っていたいと思うからです。

その実際の活動を、次の第4章でご紹介したいと思います。

第4章

家が建ってから始まる、本当のお付き合い

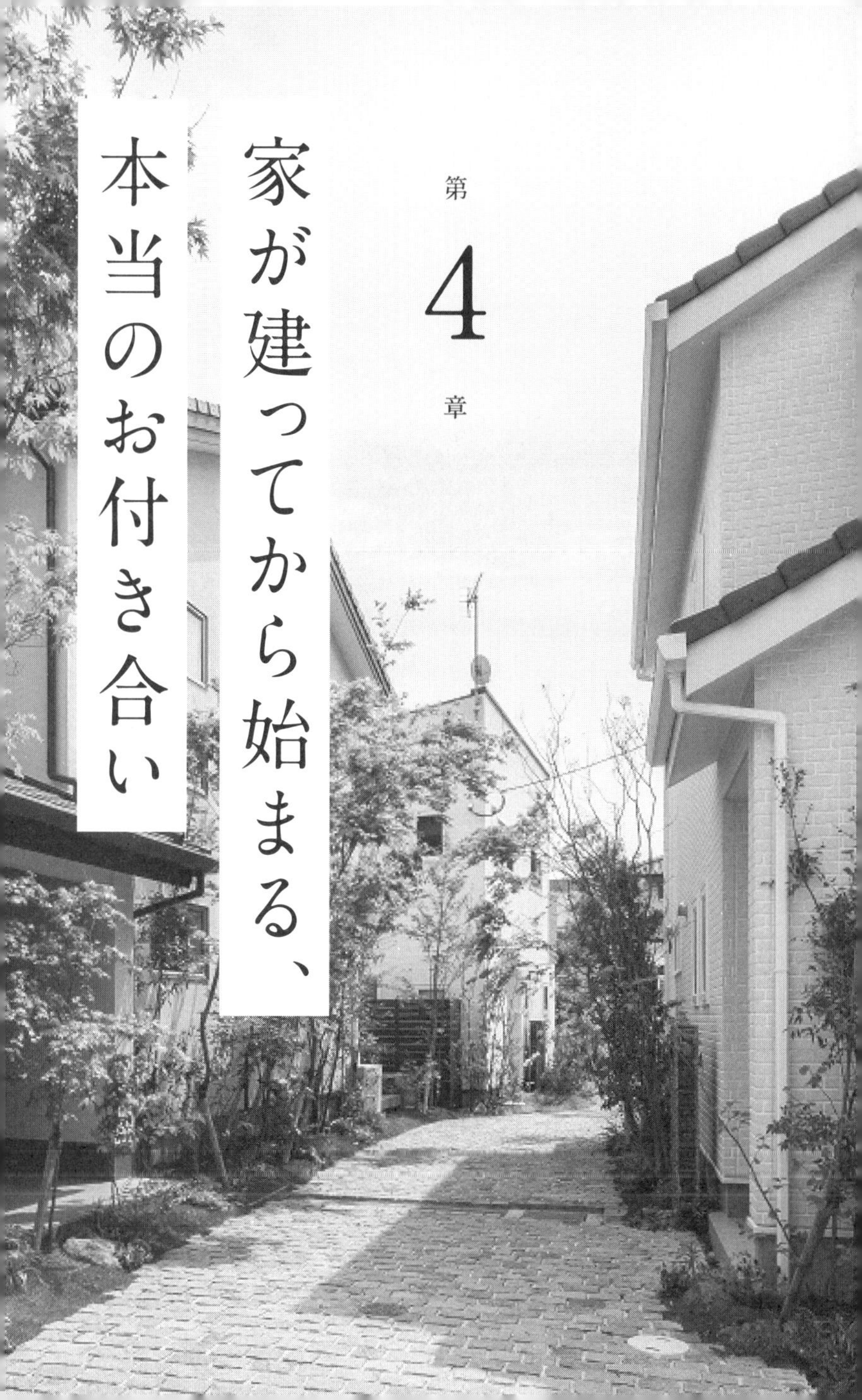

着工直前の「熱意」と「心意気」を伝えたい

実際より狭い住宅に宿泊して体感していただく

健康住宅の快適さを味わえる「体感・宿泊ハウス」

我が社では、お客様を、私たちの考える実際の「高性能住宅」にご一泊いただく、という営業スタイルをとっています。言葉やパンフレットのご説明だけでは、どうしても高性能住宅で暮らす快適さが伝わらないからです。

それも、できれば予算より少し狭めの住宅に宿泊していただくことをおすすめしています。そのほうが実際に計画するときに余裕のあるプランが描けるはずですし、何より打ち合わせに入ったとき、「あの部屋より広いのか……嬉しいね」、そんな会話が生まれるはずです。

実際の自分たちの暮らしを想像しながらくつろいでい

ただいて、住まい内部の空気を肌で感じ、呼吸して、お眠りいただく……。

これは、千の言葉を費やすよりも早く、そして確実に、家の性能や未来の自分たちの生活について理解、想像していただけます。

楽しい「着工式」のワケ

お客様との関係を大事にしたいとの思いは当然、着工後も続きます。

しかし、担当者も会社も、心の中でいくら「お客様を大切にしたい……一生懸命家づくりに取り組みたい」と思っていても、それだけでは伝わらないこともあります。そこには多少のパフォーマンスが必要になってきます。

ご契約をいただき、完成までのスケジュールも決まり、いざ着工となる前に、私たちはお客様を広い個室にお招きします。そこで楽しく**「着工式」**を行うのです。

健康住宅では、原則として、建てる家は月に7棟と決めていますから、月に7件前後の着工式が会社で行われることになります。少し前までは会社にスペースがなくて、着工式は社長室で行っていました。したがって、社長室はいつも、紅白の横断幕、色とりどりの祝福の文字、そのほか華やかな飾り付けなどがしつらえられたままになっていました。

お客様に決意を宣言する「着工式」は大事なセレモニー

お客様から「社長室はいつもこんなにめでたい雰囲気なのかな？」と思われていたはずですが、もちろん、何も問題はありません（笑）。

着工式は、多少大げさに、そしてにぎやかに執り行います。

これは、私たちから、お客様への大切な「ある宣言」でもあります。

当然のことながら、注文建築の家づくりは、ご契約から着工までの計画段階はお客様主導で進みます。夢をうかがい、具体的で細かな希望をうかがい、予算の範囲内で慎重に間取りや材料などをご提案していきます。そして、最終的な予算が決まり、場合によっては請負契約書を差し替え、いよいよ着工となります。

ところが、いざ着工すると、舞台は現場に移ります。建築資材が届き、職人さんが動き、工事が始まります。そうなってしまうと、もうお客様は後戻りできません。着工前であればなんとかなったかもしれませんが、着工してからのキャンセルとなると、当然のことながらお互いに大きな違約金が発生します。

家づくりの舞台である現場は、住宅会社の現場監督や大工さんなどの職人さんに任せるしかありません。進行状況など、現場で起こっていることはどうやって知ればいいんだろう？ 逐一報告してくれるのだろうか？ 現場の職人さんたち、なんだか怖いし、意地の悪い大工さんだったらどうしよう……。

つまり、着工を境に、それまでお客様主導だったものが、一挙に立場が逆転し、お客様の多くは不安を感じてしまうことも多いのです。

そこで、できるだけ温かい雰囲気の「着工式」を執り行う訳です。

お客様をお招きし、社長はもちろん、担当者をはじめ、その時点で会社にいる社員の多くが、できれば担当大工の棟梁にも加わっていただき、華やかに儀式を行い、

「ご心配には及びません！ ご信頼を裏切らないように、これから全員で力を合わせ、まじめに誠実に家づくりに取り組みます」

そう宣言するのです。

最後は「お幸せに〜！」と、全員でお客様ご家族の幸せを祈りながら記念撮影です。

着工までのいろいろなことを思い出し、感動して涙を流される奥様もめずらしくはありません。

私もたいがい目が潤んでしまいます。

「お引き渡しセレモニー」で感動のDVD

工事が無事に完了すれば、お引き渡しとなります。家づくりプロジェクトの最大のヤマ場ですから、ここもできるだけ感動的な**「お引き渡しセレモニー」**を目指します。

完成した真新しい新居に最初に入るのは、もちろんお客様ご家族です。期待を込めて玄関を開けると、テープカットが用意されています。予想していたとしても、やはり嬉しいものです。気持ちはいやがうえにも盛り上がります。

その後、お客様ご家族にはレッドカーペットに整列していただき、その前で担当者が感謝のお手紙を読み上げます。そしてメインイベントは、「ありがとうＤＶＤ」の上映です。

我が社の担当者が、計画、着工から完成まで、解体前のご自宅や現場での折々の様子を（こっそり）撮影しておき、それを7〜8分のＤＶＤに編集します。お客様は新しいご自宅で初めてこのＤＶＤをご覧になります。

現場で図面を見ながら担当者の話を聞く奥様の真剣なまなざし、施工中のお風呂場で体を洗うフリをする子どもたち、棟上げが終わり、屋根を見上げるご主人、そんな率直で素晴らしい表情の数々が記録に収められています。

私は担当者に、「このＤＶＤはとくに大きな思いを込めて……お引き渡し後、10年、20年と時間が経過してからこのＤＶＤをご覧になる……そのときのご家族を想像して制作してください」とお願いしています。だから、バックに流れる音楽は、なるだけ工事が行われた頃にはやっていた曲を使います。そのＤＶＤの中には、家づくりに悩んだ頃の若い自分たちとやんちゃな子どもたちの笑顔が息づいています。

家を建てるのは、お客様ご家族にとって人生の一大イベントです。そのご家族にしかない、世界で唯一の思い出が詰まった映像ですから、最大限の力を入れてほしいのです。

マイホームの思い出が詰まった「ありがとうDVD」

私の要求レベルが高いためか、撮影、編集を行うスタッフは驚くほど腕を上げました。最近は「お引き渡しセレモニー」でお渡しするＤＶＤの完成度が非常に高くなっていて、私、毎回泣かされています。

お引き渡しが終わってから本当のお付き合いが始まる

お客様をがっかりさせたくない

「住宅会社やハウスメーカーの営業マンって、契約まではこっちの要望をなんでも聞いてくれそうで、ちょっと無理なことも『なんとかします！』って頑張ってたから頼もしく感じてたけど、契約のハンコを押していざ工事が始まってみると、そういう面はだんだん見えなくなっていきましたね。上司への対し方のほうが丁寧だったりしてね。なんでも言ってくださいなんて言ってたのに、遊びにも来てくれない。ウチの担当者はもう辞めたのかな……」

そんな声をよく聞きます。そして、その話を聞いている相手はこう言うのです。

「そんなの当たり前だよ」

「私たちにとっては、一生に一度の家だけど、営業マンにとっては何軒も契約を取らなければいけない日々の仕事の一つにすぎないからネ。世の中そんなもんだよ」

……本当でしょうか？

「いい人だと思ってたけど、やっぱりネ……」

そんな会話を、ご夫婦で交されるのでしょうか？

当時、そんな現実を変えるのは社長である私の仕事だと思いました。お客様の想いを大切にしたい、がっかりさせたくない、そんな気持ちが強くなってきました。

そして、ある時期から我が社では「お引き渡しが終了してからが、お客様との本当のお付き合いが始まる」という価値観を全社員で共有し、理解して、さまざまな会社の決め事を実践するようになりました。

お客様のホントの声が聞ける社長の「1か月訪問」

さまざまな決め事の1番目は、社長の「**1か月訪問**」です。

お引き渡しの約1か月後、すべてのお客様の新居に、社長が一人でご挨拶にお邪魔します。

「1か月後」に訪問するのには理由があります。

入居されて1か月くらいたてば、もうやり直し工事もほとんど終わっていますし、お客様からのご入金も完了しています。ご契約、着工、工事、お引き渡し、ご入居といった一連の取引がすべて終了して、お客様と住宅会社が純粋に対等の関係になれるのが、実はこのご入居後1か月頃なのです。

お客様にとっては、一番ホットな時期といえますし、よいことも悪いことも同じようにホットなこの時期だからこそ聞ける、住み心地の感想、工事中の残念だった小さな事件、会社に対するアドバイスや期待などをお話しいただけることも多く、本当に勉強になります。

健康住宅では、建てる家は原則として月に7棟と決めていますから、お引き渡しは月に6~8棟になります。どうしてもご訪問は土曜日と日曜日に集中してしまうので、私の土曜日と日曜日はたいていこの仕事でつぶれてしまいます。

しかし、実は私、この「1か月訪問」を結構楽しみにしています。もちろん、当然のことながら私たちのいたらなさから、神妙にお詫び申し上げる場面にも遭遇いたしますが、本当に私がビックリするほど喜んでいただけることも多く、待ってましたとばかりに迎えていただき、どれだけ快適な暮らしができているか、工事中のハプニングやエピソードなど、楽しい話題が尽きません。嬉しそうに語るご夫婦を見て、私はホントに幸せな気持ちになれますし、それだけ喜んでいただけるということは、日頃社員さんがきちんと「家づくり」に向き合っている証拠だと感じる瞬間でもあります。

私は、お客様にこんなに喜んでいただけるのは、完成した新居の性能がいいからだけではないと思います。第1章と第2章でお話ししたように、担当者が「いい人」たちだからだと思います。担当者が「いい人」たちでなかったら、こんなに喜んで、楽しそうに話してもらえないと思います。

「1か月訪問」は、私が社員さんに感謝する大切な日でもあるのです。

「お客様感謝イベント」は大同窓会

また、年に1回、毎年春先に「**お客様感謝イベント**」を開催しています。

通常、住宅会社が主催する「イベント」はこれから家を建ててくれるかもしれない人たちをご招待し、売り上げにつなげるのが常ですが、我が社の「お客様感謝イベント」は我が社で家を建築してくれたお施主様にしかご案内しません。

なので、いつも「大同窓会」の様相です。

潮干狩り大会、地引網大会、夏祭り、バーベキュー大会など、趣向を凝らし、毎年500～600人の皆さんが参加してくださいます。

我が社の担当者にとっては、家づくりのとき走り回っていた子どもたちが、中学生、高校生と成長していく姿に会えるチャンスでもあります。そんなご家族の幸せなご様子を拝見すること自体が私たちの大きなエネルギーになりますし、社員全員が「私たちは何のために仕事をしているのか……」をあらためて確認できる大切な日でもあります。

年1回「お客様感謝イベント」を開催

もっと手軽に参加できるミニイベント（奥様やお子さんたちの暮らしに役立つようなセミナーやワークショップ）も、年に10回ほど開催しています。お家のお手入れ勉強会、収納セミナー、パン教室、IH料理教室、夏休み工作教室など、皆さん楽しく参加されています。

私たちの会社の「ファン」になってくれた方もたくさんいます。それはみんな、私たちがご提供した家に暮らす皆さんです。社内で誕生日会があると聞きつけ、サプライズで登場されて喝采を浴びるような、コアなファンもおられます。

住まいの購入側と供給側といった定型の間柄でありながら、しかし住まいとそこでの暮らしというものを介しつつ、こんなに楽しいお付き合いを続けていただけること自体が大きな幸せです。いつもホントに感謝しています。

建てた家がなくなるまで永続点検

健康住宅では、創業2年目から「**永続点検**」を始めました。これまで我が社がお引き渡しした住宅は1400棟を超えますが、そのすべてに原則年1回の点検を半永久的に続けていく、というものです。もちろん、これから竣工していく家も同様です。

家をどこで建てるかを考えるとき、ほとんどのお客様は、アフターメンテナンスをしっかりやってくれるかどうかを重視されます。

家は何十年、いや100年、200年と使われ続けてしかるべきで、そのためにはメンテナンスが欠かせません。プロの目で定期的に点検して直すべきところをチェックすることは、将来の費用の面でも家の寿命の面でも大切です。そのアフターサービスをどのくらいの熱意でやってくれるのか、気になるのは当然のことです。

しかし、地域の工務店や住宅会社をはじめ、全国規模の大手ハウスメーカーにしても、お客様が本当に満足するアフターメンテナンスは必ずしもできていません。

原則年1回の点検を励行

地域の中小工務店であればなおさら、きめ細かなアフターサービスをしたくてもできない現実もあります。それは時間、コスト、人手が足りないからです。大手にしても、決して好況とはいえない中でアフターメンテナンスを最優先させることは簡単ではありません。

我が社がこの「年に1回の半永久的な永続点検」を打ち出した約20年前、同業の友人たちから、真顔で「バカなことはやめたほうがいい、倒産するぞ！」などと助言されました。

確かに現在、お引き渡しは１４００棟を超える訳で、年に1回とはいえ、訪問と点検だけでも膨大な作業になります。イレギュラーな作業が入ることもあれば、土曜日、日曜日に何件も点検が重なることもあります。当然のことながら、それなりのコストがかかります。

しかし、20年前から永続点検を断行した訳ですが、やってみると、これは決して難しいことではありませんでしたし、財務的にも、もうひと息のところにきています。

実は最近、ご入居後10年を超えたお客様などから、リフォーム工事のご依頼を直接いただくことが多くなってきました。なんとか、そんな特命のリフォーム工事で得た利益でアフターメンテナンス担当者の人件費を賄いたい……そうなれば、何も問題はありません。実はもう少しでそのバランスが取れそうなところにきています。

「継続は力なり」です。

2棟に1棟がご紹介！

第1章で少し触れましたが、こんなことを続けていれば、お引き渡しが終わったお客様から新たなお客様をご紹介いただくことも多くなります。最近は、毎月ご契約いただくうちの、半分以上がご紹介という月も多くなりました。手前味噌ではありますが、これはかなりレベルの高いご紹介率だと思います。

ご紹介をいただけるということは、住宅会社にとっては何より嬉しいことです。ほとんどの場合、お施主様が我が社のＰＲをしていただいたあとに私たちが登場する訳ですから、非常に営業もしやすいです。

しかし、実はそれよりも、お客様の大切なご友人、ご親戚、関係者の方々に我が社の家づくりを経験者として本気ですすめていただけること、「いい家だよ、いい会社だよ」と請け負っていただけることがホントに嬉しいのです。それは、お客様が我が社の家づくりの様子を見て、そこで暮らしてみて、我が社を評価し、信頼していただけた証だと思えるからです。

また、ご紹介はお客様にとって決して軽々しく行えないことだとも思います。家づくりは人生の一大イベントです。レベルの低い住宅会社を紹介すれば、確実に関係が壊れてしまいます。

お引き渡し後も、頻繁に点検をしてくれるから、定期的にイベントをしてくれるから、営業マンから求められるから……それだけで友だちを紹介する、とはなかなかならないと思います。多少なりとも、私たちの人となりをご評価いただけたからではないかと思うのです。

エピローグ

お客様と健康住宅がつくるユートピア、そして私のささやかな妄想

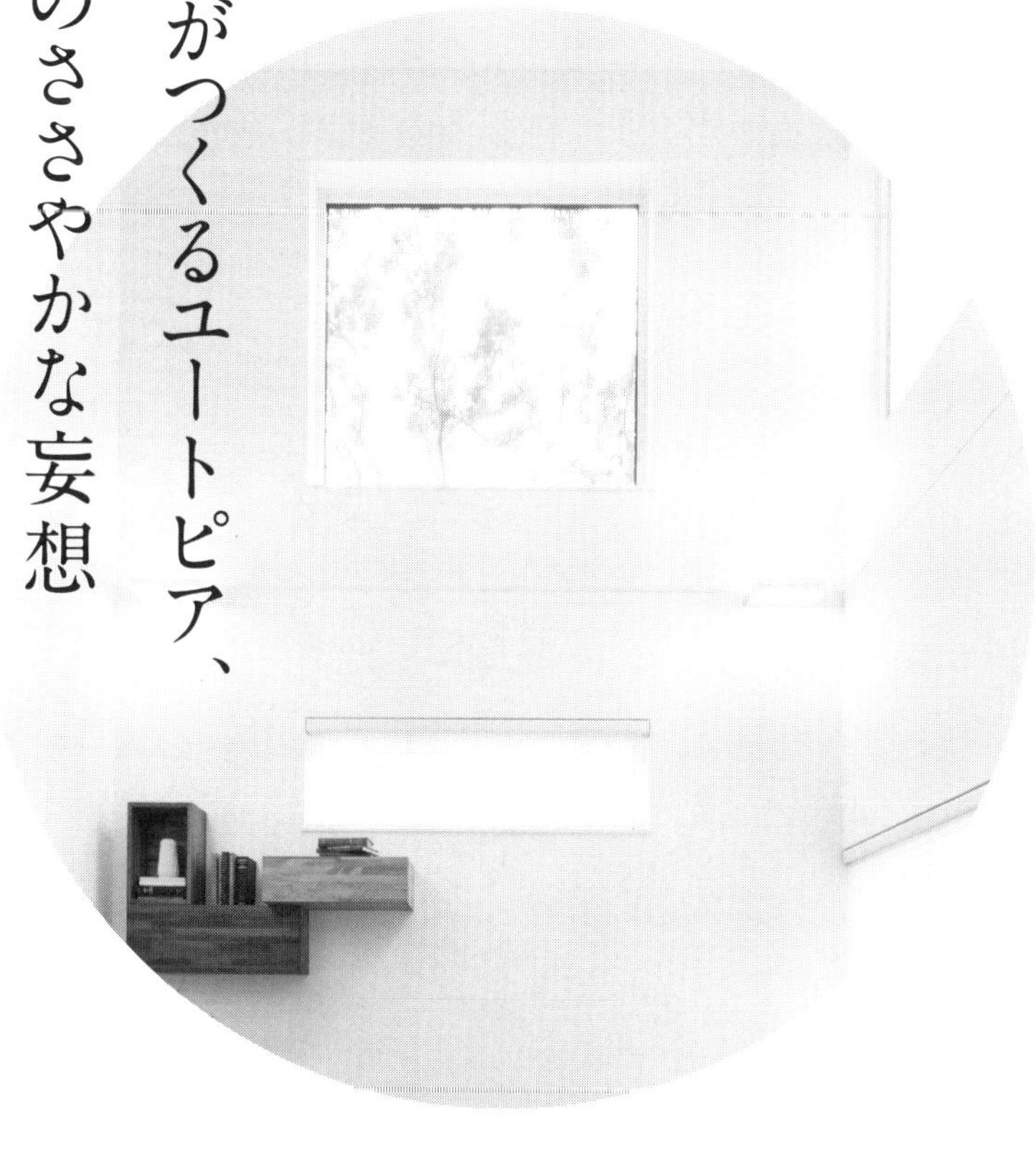

月7棟、年間84棟、数を追わない経営の意味

最後に、私がいま考える我が社のビジョンをお話ししたいと思います。

我が社がお客様にお引き渡しする住宅は月7棟、年間84棟で、それ以上でもそれ以下でもありません。それを超えるご依頼があれば、お待ちいただくことにしています。

もちろん、私自身、目標を定めて、その目標をクリアしていく楽しさ、数を追う経営の喜びはあってよいと思います。優秀な営業マンは、次々に新規開拓して売って歩くのが仕事ですし、大いにやりがいがあると思います。

しかし私はふと、それをいつまで続けるのだろうか、と思ったのです。最初はお客様第一が当たり前であっても、知らないうちに拡大を続けることが目的になってしまう。組織は大きくなるかもしれませんが、そのゴールはいったいどこにあるのでしょうか？

会社、社員、お客様で構築されるユートピア

私は社員の皆さんに、よくこんな話をします。

「受注は年間84棟、これを80名くらいの社員の力を結集して丹精込めておつくりする。80名の社員の中から毎年、定年を迎えた2～3名が退職。その人たちには、しっかりと退職金を支払いたい。そして、毎年2～3人ほどの新人が入社してくれる。その2～3人が我が社の社員の息子さんやお嬢さんだったら素晴らしい。そして、年間84棟のお仕事はすべて、今までお引き渡しをさせていただいたご家族様からのご紹介……。

これをユートピアといわずしてなんというのでしょうか？」

工務店や住宅会社で、ご契約の約半数が「お客様からのご紹介」というのは、実は大変な数字です。この数字を聞いて驚く方も少なくありません。

年間数千棟、あるいは数万棟の建築をしている大きな住宅会社は、紹介率の高い下請け工務店に優先して仕事を回すことで、ご紹介競争を強いているという話をうかがったことがあります。

そんないろいろなバイアスがかかった数字ではなくて、すべてが純粋にお客様の信用から出たご紹介であれば、多分、そのご紹介率は年を経るほどに上がっていくはずです。

毎年多くのご家族が私たちのファンになっていただいています。やがてご紹介だけで年間84棟すべての受注が賄える「ご紹介受注100％」という夢のような数字も不可能ではないかもしれません。

ご存知かもしれませんが、住宅業界は、家を建ててくれるかもしれないお客様に巡り会うために驚くほど多くのお金を使います。一般的には売り上げの10％近くを「広告宣伝費」「住宅展示場」「営業マンに支払う高給歩合」などに費やすといわれています。10％となると、2500万円の受注で250万円、10棟受注するのに2500万円かかります。

ご紹介受注が多くなると、それらの経費が半減します。当然、売値を変えずに、仕様や性能のアップに予算が使えます。社員はみんな、現在よりもさらに自分と会社を磨くことができます。工事中、あるいはお引き渡し後の「お客様第一主義」は、現在よりもさらに強く打ち出すことができますので、お客様の満足度はさらに大きくなり、いただける「ありがとう」の言葉は日を追うごとに多くなるはずです。

そうなると当然のことですが、社員の多くが毎日の仕事の中で幸せを感じ、それを家庭に持ち帰ることでしょう。彼らの子どもたちは本気で我が社への入社を希望してくれるはずです。社員の「いい人」の遺伝子は、少しずつ濃くなってゆき、会社は徐々に「いい会社」へと変化を続けます。

この好循環は半永久的に続く訳です。
どう考えても、これは「ユートピア」です。

ゆるやかな拡大を目指す我が社の「新幹線プロジェクト」

２０１７年8月1日、健康住宅は「新幹線プロジェクト（7年計画）」を発表しました。この本の完成は２０１９年5月頃の予定ですから、発表からすでに2年近くが経過していることになります。

この「新幹線プロジェクト」の名前には、「非常に『馬力』のある『蒸気機関車』に対して、1台では大きく『馬力』の劣る『新幹線』が、なぜあんなに速いスピードで走れるのか？……その答えは、『新幹線』には各車両にエンジンが付いているから……。『蒸気機関車』はエンジンを持たない多くの客車を1台で牽引《けんいん》する。だから、せいぜいあのスピードしか出せない……私たちも『新幹線』のように、社員一人ひとりがエンジンを持ち、人に愛されるカッコいい人生を目指そう！」……そんな意味があります。

そして、その目標は「２０２４年7月までに、健康住宅と同規模の会社を1社育てる▽84棟×2でグループの売上棟数は１６８棟▽まずは、現在のご紹介受注率47％を70％にまで引き上げる▽店長3人の育成▽ひとり立ち社員大工15名体制……など」です。

「えっ!? 数を追わないユートピアが目標ではなかったのですか?」

と問われると思います。確かに机上では、健康住宅の年間84棟の受注だけでユートピアの完成は可能です。

しかし、実はこの10年、社員の定着率が非常に高く、そのうえで数を追わないとなると、スキルアップした意欲ある社員が目指すポストがない。つまり、明らかなポスト不足に陥ってしまったのです。

能力開発に成功して、スキルが上がっても就くべきポストはすでに埋まっている訳です。評価されるべき社員はそれなりのポストに就くことがやはり必要です。それは社員さん一人ひとりの将来への希望であり、生きる目標にもなるからです。

数を追わない会社には、そこが足りません。

そこで、やはり企業にはゆるやかな拡大が必要かもしれない……という結論に達し、熟考を重ねた末の「新幹線プロジェクト」なのです。急拡大を目指すのではなく、なるべく健康住宅とバッティングしない商品構成を工夫しながら、年間84棟という健康住宅のビジネスモデルは変えずに、別会社で同じ規模を目指すことにしました。

実は、創業3年目の別会社は現在、次世代を担うリーダーも着々と育ち、すでに年間36棟の規模にまで成長しています。

2024年7月の「新幹線プロジェクト」の実現も決して夢物語ではないところにきているような気がします。

もちろん、どんなに素晴らしい理念を掲げ、どんなに素晴らしい商品を提供しても、素晴らしい人格を持った人たちが集まる会社でなければ愛されることはありません。

我が社の経営ビジョンは、

『GOOD COMPANY with GOOD PEOPLE』
『いい人がたくさんいるいい会社』

です。

当然のことながら、まだまだ『GOOD COMPANY（いい会社）』にはほど遠く、私など、偉そうなことを言うばかりで、とても『GOOD PEOPLE（いい人）』にはなれていません。

私の考えるユートピアは、まだまだはるか彼方の夢物語なのかもしれませんが、自ら信じる道の先に明確なビジョンを描くことは、幸福に生きるための大切な手段だと思います。

今現在、それを一緒に目指してくれる社員に囲まれていること自体、ホントに幸せだなあと感じています。

あとがき

2018年8月1日、健康住宅㈱は創業20周年を迎えました（巻頭カラーの4ページ目をご覧ください）。

左の一文はそのときのフクニチ住宅新聞という業界紙に掲載された記事の一部です。短い文章に当日の流れが簡潔に紹介されているので、許可をいただき、転載させていただきます。

《午後6時から始まった20周年記念の式典で挨拶に立った畑中社長は、今日（8月1日）は大濠花火大会当日で、平日の夜であるにもかかわらず、当初目標としていた500名を大きく上回る1500名の参加者に感謝を述べ、「本日、オープニングで演奏をしていただいたピアニストの吉田あかねさんは、実は20年前の我が社の受注1棟目の吉田様の当時高校生だったお嬢様」であることを明かし、「20年間で1369棟のお引き渡しをさせていただきました。その祝宴を少し背伸びしてホテルオークラで開催したのは、実は我が社が社員3人で創業した20年前にこのホテルも開業し『いつかこんな立派なホテルで周年記念をしたい』という憧れがあったからです。今日は多くの皆様にご参加いただき本当にありがとうございます」と挨拶した。

このような周年事業では通常、来賓挨拶、祝電披露などが長々と続くものだが、この祝宴では畑中社長の手短な挨拶と20年来の親交のある㈱トクヤマ（山口県周南市）の楠正夫会長による乾杯の音頭のみというシンプルさ。「健康住宅の末永い『健康』を祈念します」と挨拶、乾杯の音頭を執った。

会場では歓談の輪が広がり、立食にもかかわらず宴がお開きになるまで途中退場者はほとんどなかった。

最後に壇上から畑中社長が式典参加への謝辞を述べ「30周年、40周年にも皆様を必ずお招きしますので、ぜひお楽しみにされて下さい」と締めくくった。》

この日は、私たちにとって「努力は必ず報われる」「お天道様は必ず見てくれる」……そんなことが実感できた人生最良の日となりました。

もちろん、ここがゴールではありませんし、今我が社には、「理念とビジョン」を理解し共感する、あるいは共感しようと努力する、あるいは後継に意欲のある優秀な人材が育ちつつあります。

未来は思考の中にあります。エベレストの頂上には、立とうと思わないと絶対に立てません。気が付いたらエベレストの頂上に立っていた……なんてあり得ない訳です。

私はある尊敬する恩師から「生まれつき立派な人はいない」という言葉をいただいたことがあります。

「生まれたときから立派な人間なんておらんよ……来る日も来る日も、立派になろう立派になろうと頑張り続けた人が、いつの間にか立派になるんだ……心配するな」

いろいろなことで悩んでいた当時、この言葉を聞いて肩の力が抜け、あきらめなくていいんだと胸が熱くなった覚えがあります。

私には人生の目的があります。

家族からは「うちのお父さん、親父」、友人からは「あいつ」、そして社員さんからは「うちの社長、会長」、その時期によって呼び名は違うと思いますが、私が死んだときに「うちの社長、よく頑張ったよな……」と言われることです。

かなり漠然とした人生の目的ではありますが、日々、そんなことを想像しながら、今日も立派な経営者を目指して頑張りたいと思います。


最後までお付き合いいただき、ありがとうございます。

手前味噌な話も多く、どう伝わったのかはなはだ不安ですが、何か一つでも参考になったとしたら、それ以上に嬉しいことはありません。

本当にありがとうございました。

著者記す

●著者プロフィール

畑中 直（はたなか・すなお）

健康住宅株式会社　代表取締役。1959年、福岡県生まれ。上智大学文学部を卒業後、大手マンションメーカーの営業を経て、地元福岡で父の経営するマンション・一戸建て分譲会社に就職。

バブル崩壊により100億円近い売り上げをあげていた父の会社が困窮、その清算に奔走した経験により現在の手堅い経営を根底にすえる。

一方、九州でいち早く「外断熱工法」に着目し、1998年、健康住宅株式会社を設立。九州の「高性能住宅」の施工に関して先駆け的な存在となる。

現在では省エネ住宅を評価する「ハウス・オブ・ザ・イヤー・イン・エナジー」の8年連続受賞、いい家づくりのための「社員大工制度導入」、住宅営業マンが顧客に永続的に向き合える「歩合制の撤廃」など他社も驚く実績や改革により、テレビ・雑誌、「働きがいのある会社ランキング」など取材で取り上げられている。経営理念は『正道を行く』。

https://www.kenkoh-jutaku.co.jp/

「はじめての家《いえ》づくり」

ゆずってはいけない2つの条件《じょうけん》

2019年5月1日　初版第1刷

著　者……………………………畑中《はたなか》　直《すなお》
発行者……………………………坂本桂一
発行所……………………………現代書林
〒162-0053　東京都新宿区原町3-61　桂ビル
TEL／代表　03(3205)8384
振替／00140-7-42905
http://www.gendaishorin.co.jp/
カバーデザイン……………吉崎広明（ベルソグラフィック）
編集協力…………………………有限会社　桃青社

印刷・製本：広研印刷（株）
乱丁・落丁本はお取り替えいたします
定価はカバーに
表示してあります

ISBN978-4-7745-1752-0　C0052